博瑞森图书
BRACE

企业阅读 本土实践

管 理 · 人 文 · 生 活

谭长春◎著

快消品营销与渠道管理

電子工業出版社
Publishing House of Electronics Industry
北京·BEIJING

图书在版编目（CIP）数据

快消品营销与渠道管理/谭长春著. —北京：电子工业出版社，2013.11
ISBN 978-7-121-21573-5

Ⅰ.①快… Ⅱ.①谭… Ⅲ.①购销渠道－销售管理 Ⅳ.①F713.1

中国版本图书馆 CIP 数据核字（2013）第 230452 号

书　　名： 快消品营销与渠道管理

作　　者： 谭长春
策划编辑： 郭景瑶
责任编辑： 郭景瑶
印　　刷： 三河市文阁印刷有限公司
装　　订： 三河市文阁印刷有限公司
出版发行： 电子工业出版社
北京市海淀区万寿路 173 信箱　邮编：100036
开　　本： 710×1000　1/16　印张：15.25　字数：180 千字
版　　次： 2013 年 11 月第 1 版
印　　次： 2014 年 11 月第 2 次印刷
定　　价： 42.00 元

凡所购买电子工业出版社图书有缺损问题，请向购买书店调换。若书店售缺，请与本社发行部联系，联系及邮购电话：（010）88254888。
质量投诉请发邮件至 zlts@phei.com.cn，盗版侵权举报请发邮件至 dbqq@phei.com.cn。
服务热线：（010）88258888。

博瑞森图书：企业阅读　本土实践

亲爱的读者朋友：

也许您是博瑞森图书的老读者，也许是新朋友，欢迎您阅读博瑞森图书！

当今中国，各行各业都存在着转型升级的压力与机遇。博瑞森图书与您一同应对转型挑战并发现其带来的机遇。

我们一直在问：什么样的书能为您解决管理难题并带来启发？

我们一直在找：哪些作品能帮助企业从跟随到领先？

我们一直在做：把最好的作品以最便捷的方式呈现给您，纸质版、电子版、书摘邮件、微信……

我们策划图书的原则是：

- 企业阅读——与您一样，做水中的游泳者，而非岸上的观众或教练，企业的困惑就是我们的任务。
- 本土实践——与您一样，立足本土环境，追求卓越实践，传播最适合当下中国企业的管理之道。

我们也向所有的企业管理者、管理咨询专家和企业研究者征稿，让更多被实践检验的好思想、好方法迸发出来，为企业助力！（bookgood@126.com 或 QQ：1963328416 或手机号 13611149991，绝非“自费出书”，不向作者收取任何费用）

如果有一天，您把博瑞森图书视为您优秀的事业伙伴、管理助手，我们也就实现了自己的梦想。

博瑞森图书

推荐序

成功的企业基于优质的营销

中国人民大学教授、博士生导师
华夏基石管理咨询集团董事长、总裁　彭剑锋

可口可乐

红牛饮料

统一企业

雪花啤酒

沱牌舍得

珠江啤酒

大成集团

燕京啤酒

……

一个个耳熟能详的企业，为什么能够成功？

营销是最直接的经营手段，只要不是非营利性组织，企业就离不开

经营，离不开通过营销手段将产品销售出去，从而进行持续性生产与服务，获得生存和发展。

营销是经营最有效果与效率的手段。没有营销，很难将生产线上的产品升级成有附加值的商品；很难形成让目标客户愿意承担比产品成本更高的商品价格；很难建立使目标客户更方便获取商品的渠道和终端；很难长久、持续地与目标客户交流互动；更无法规避竞争，从而形成竞争优势，取得成功。

走进世界企业发展的历史，快消品行业一直是竞争激烈的行业。因为竞争激烈与残酷，快消品企业要么规避竞争，寻找自己的独特发展路径；要么提高营销水平，尽自己最大的努力满足目标客户的需求，挖掘他们的潜在需求，甚至为他们创造需求。

世界知名的百年品牌企业，如可口可乐公司、宝洁公司等，通过卓越的营销能力获得了成功，并成为标杆企业，引领世界营销水平从一个高度跃升到另一个高度。国内的快消品企业，如华润雪花啤酒、大成集团等，也通过在营销方面不断积累经验、创新与实践，助力中国企业腾飞。

该书作者曾是在国际、国内一流企业从事营销工作的先锋，本书的案例，全是作者实际操盘获得的，本书内容全是作者实战经验的积累。作者现在从事咨询工作，边操作、边积累、边总结，不但提炼出基于实践的系统性操作方案，并升级为营销理论与体系，而且创新出适合中国本土企业的营销工具与方法。

希望这些标杆企业的操作执行过程与体系化套路经验，能给我国快消品企业，以及处于摸索、初级阶段的其他行业的企业带来学习和参考的价值！

希望此书能够为国内营销界再点燃一盏明灯！

自序

在快消品行业沉浸多年，我未曾想到要写一本书。我认为，出书一定要很慎重。毕竟，看这类书的人，都是企业管理者或者营销同仁，他们都希望看的书对自己有用！

所以，书一定要有用！我力图将20年的营销经验浓缩在本书中，将一条条实战经验进行总结提升，聚焦一个个具体的问题并提供解决方案……

我曾经在可口可乐公司做营销工作，也总结了一些比较实用、独特的工具、方法。本书的具体思路、策略、运作过程与执行细节，很多都是可口可乐公司的操作实录、成功的经验，希望读者可以从中获益。

在工作实践和咨询经验的基础上，我对一些新的营销思想和理念也进行了思考，希望可以从更深的层面上启发读者。“以价值为导向的渠道管理”“总部要有为一线区域市场服务的意识”“深度分销后的分销模式转型”等，为现实操作的纠偏、创新提供了思路，希望快消品营销同仁可以从中总结出适合自己的营销策略和方法。营销，换个方向，你就是第一！营销，不图最好，就图比竞争对手强！

本书还有很多具体的营销工具，对销售总监、大区经理等管理者有帮助。比如，“组织设计要顺应市场变化趋势”“区域销售组织的执行力培训”“大区经理如何做市场规划”“销售总监如何做好区域市场规划”等，为管理者开展具体的营销工作提供了工具。

即使我将20年的一线实操经验全部写出来，也很难涵盖所有读者在实际操作中遇到的问题。营销是一个持续升级的课题，我们谁也挡不住营销进步的浪潮，特别是网络营销出现后，颠覆了营销体系与现实具体操作方法。在新营销环境与形势下，我希望有更多的与时俱进的营销经验与大家共享！

与大家共勉：营销路上，我们同行！

目录

第四章　渠道中的产品管理、促销管理

第五章　深度分销模式的要点与方法

第六章　区域销售组织设计与人员管理

第七章　区域市场管理的工具、方法

第一章　与渠道共赢

1. 小渠道其实并不小

在没有多少品牌建树的中国企业，渠道建设是最重要的营销工作。过去，营销界喜欢大渠道。然而，回顾中国二三十年的营销历史，我们逐渐从自身的经验与教训中总结出：渠道变得越来越多、越来越小。

中国营销管理者一直强调渠道的重要性，很多时候，渠道成功就代表营销成功。然而，在国内企业中，有几家企业设有专业的渠道管理岗位？有几家企业推行了渠道精细化运作模式？

■ 渠道就是小道

相信没有多少营销人员还会说："现在及将来还是'大市场、大批发、大流通、大占有'的时代。"太多的企业由于没有进行渠道转型，最终在市场上一败涂地，正如长江商学院的曾鸣教授所说的："'一招鲜'的时代已经过去。"

竞争压力和环境变化使企业的运作与管理越来越精细化，当然，也要求渠道运作是细致的、有针对性的，以便深入市场。越来越多的企业将自己当成渠道的重要组成部分，而不是脱离于渠道之外。

近日，我在东三省走访、了解市场。走访了一个月，五六个超大型的区域分公司中，没有一家区域分公司的业务员将我带到以前红极一时的批发市场。即使路过，他们也会说："我们这个区域市场早就不做批发市场了，我只能带你到终端小店或者二级批发商那里看看。我能告诉你的就是我管辖的区域市场内有几个二级批发商、有多少家餐饮店、有多少家小卖部，我每天拜访多少个销售网点。我们的区域市场渠道运作早就不走‘流通与批发’的‘阳关大道’了，我们只走社区或者小范围的‘羊肠小道’，点对点地运作渠道。这也是区域市场按照总部的营销思路，积极变革的结果。”事实证明，小渠道运作确实让企业更贴近市场，更容易获得竞争力！

我在东三省这个一直以大流通著称、曾因此取得成功的区域市场，一个月内竟然没有机会走访任何一个批发市场！原来，批发市场中的一部分大经销商在二、三级市场设立了分公司，成为了小区域市场的配送商。也就是说，他们由“坐等”批发商变成了多渠道的运作商。

小渠道没有关卡和红绿灯

从吉林到哈尔滨，我下火车后，一位出租车司机载我到预订的酒店。当时正赶上早晨上班时间，路上极其拥堵，我估计花40分钟都到不了酒店。可是，我小看了这位司机，我们15分钟就到酒店了！为什么？他没有走大道，而是绕小道，途中没有一个红绿灯，而且小道上的车辆也比较少。

对营销而言，大流通只能说明你坐上公共客车而已，不但会浪费你到达终点站的时间，而且你并不是唯一的乘客。当你到达终点时，竞争对手可能早就通过小道顺利到达终点了。我们随便与任何一家国内企业的市场部员工交流，都会得到同一个信息，至少有60%的营销资源在渠道中损耗了。

博弈论是现在流行的渠道理论之一，它反映了从企业到终端的渠道价值链上，渠道中的成员，特别是代理商、一级批发商，与企业在考虑自身利益的基础上进行的较量。在较量的过程中，他们互相较劲、消耗资源，甚至互相猜疑、互相诋毁、互相抑制，并且都“留一手”。当然，还有代理商、一级批发商与下游二级批发商或终端商之间的博弈。这些博弈，实际上就是渠道的无形关卡；获取利益与互相抑制，实际上就是产品流通过程中的红绿灯。

在快鱼吃慢鱼的时代，你没必要经过那么多车站，一站到底，不用中途停车，这才是你的选择！

■ 小渠道竞争少

过去，很多业务员从来不跑市场、不拜访下线经销商了解货物销售情况，不走访终端了解市场真面目。他们认为，市场竞争的关键是代理商、批发商，只要看紧他们的进货资金与仓库，和老板谈妥进货计划，就万事大吉了。

事实上，经销商能否向企业进货，完全在于企业产品能不能销售出去。要解决产品竞争问题，企业只有找更多的一线业务员指导代理商、批发商做好铺货、维护、生动化陈列等工作，才有可能提高渠道的竞争力，进而提高产品的竞争力。

很多企业将渠道拆分为“井田式”或“点对点式”渠道，尽量细化渠道，目的就是获得核心竞争力、排挤竞争对手。这些企业将它称为“渠道体系”或“分销模式”，力图在渠道运作上“更专业”。很多后来居上的企业取得营销成功，就得益于小渠道运作模式。

例如，在广东市场，有几个老牌啤酒企业感到压力越来越大，压力源于原来的“小字辈”或后进者对小渠道的渗透与挤压；在北京市场，青岛啤酒和雪花啤酒通过小渠道运作，销售份额节节攀升；在上海市场，企业如不打算将渠道由大化小、由小化细，就最好不要进入这个市场！

小渠道更能体现消费者价值

当客户或消费者获得个性化服务后，产品就会实现增值。小渠道承载的有针对性的、个性的、贴心的、多样化的、便捷的延伸产品与服务，更能满足消费者的个性与情感需求，让消费者更好地体验愉悦与快乐，极大地降低了消费者的消费让渡成本，提高了消费者的让渡价值。

小渠道能获得更大的发展容量

百川归海，企业在渠道上的收益本身就从百川而来。

北京可口可乐公司有1/3的年销量来自传统流通渠道，但传统流通渠道批发商的服务人员不超过企业员工总数的10%。也就是说，企业90%的销售力量没有用于流通、批发的大渠道，而是用于学校、公园、小卖部、超市等小渠道。

企业只要有长远眼光，就一定会培训自己的员工或者经销商，进行有步骤、深入的小渠道运作。在细化运作小渠道时，我们会发现，市场远比经销商说的大，小渠道运作远比大渠道运作踏实，会让我们更有信心！

小渠道易于掌控

让很多企业越来越头痛的是，与很多做大流通的大代理商、批发商合作几年后，他们的翅膀越来越硬，以至于“功高盖主”、要挟企业，无条件地获取企业内部资源或者要求企业无限制地扩大市场。

确实有很多企业的营销管理者都在后悔：“要是当时不选大代理商该多好啊！如果培养一些与企业有相同理念的经销商，将渠道做小、做细，企业就不至于处于被动地位。”

有些营销人员将小渠道运作称为“蚂蚁”式运作，那么，大代理商运作就是“大象”式运作。“小道”也好，“蚂蚁”也罢，让渠道畅通，实现与市场无缝隙衔接，是企业优化渠道的核心理念。

小渠道不易产生冲突

渠道层级越长，成员就越多、越杂，他们的营销理念就容易与企业的营销理念产生差异，从而产生冲突。

小渠道细化运作不易产生渠道冲突，因为再大的渠道网络都是由一个个节点组成的，某个具体节点的问题不会影响到整个渠道网络。所以，小渠道运作得好的企业，经常“口出狂言”：“任何一个区域市场的渠道冲突问题，都能不上报上级部门，并在一天内解决。”

小渠道并非构筑强权营销

在走访市场的过程中，我们与当地分公司的销售执行总经理沟通，他郑重其事地和我们探讨起他的渠道发展思路和宏伟蓝图——建立渠道霸业，100%地垄断整个城市的各类渠道！

其实，这是小渠道模式的误区！小渠道运作理念只是精细化管理、精益化营销、渠道下沉、亲近终端与消费者等理念在渠道运作上的体现，并不是企业误解的“垄断”“专卖”“抵制”等强权营销。例如，燕京啤酒很想在北京市场垄断渠道，但都被青岛啤酒和雪花啤酒“撕开口子”。毕竟，竞争有利于企业发展，垄断一定会被打破！企业需要打造竞争优势，而不是狂妄地消除竞争！

渠道模式就是微利时代国内企业的渠道法则。

2. 以价值为导向的渠道管理

很多人虽然很熟悉渠道价值链这个词，但都停留在字面理解上。不然，为什么很多人现在还在疑惑：为什么窜货问题一直找不到有效的解决办法？不知从何处着手，提升经销商的整体水平？为什么换掉经销商的理由只能是“不听话”（经销商本来就是单独的经济实体，为什么要完全听企业的话）……

张经理在快消品行业摸爬滚打近十年，在给企业的中高层管理者做销售管理培训时，讲到价格体系。所有的学员都认为，价格体系应该是一个递增的柱状图，各级渠道成员能将产品涨价，于是，从企业到消费者，产品价格越来越高（如图 1－1 所示）。

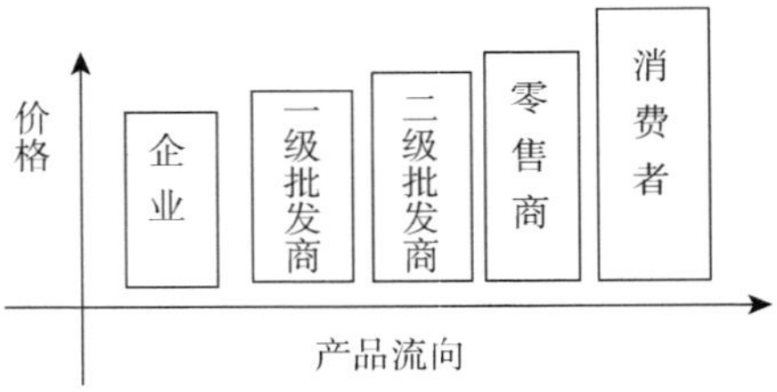

图 1－1　价格柱状图

但在现实中，这个结论基本上是不成立的！消费者买到产品的价格有时比企业的定价还低，零售商的进货价格可能比二级批发商的定价还低。某知名功能饮料产品，每箱产品的零售价比出厂价低十几元！很多企业都存在价格“倒挂”的问题！

事实上，图 1－1 中的价格只有替换为价值，才能成为正确的分析图！这就是图 1－2 的价值链图。外在的价格表现可能是杂乱无章的，但内在的是有序的、合理的价值链体系。价值链体系不但使价格体系向价值链体系靠拢，而且影响着企业对渠道的管理。

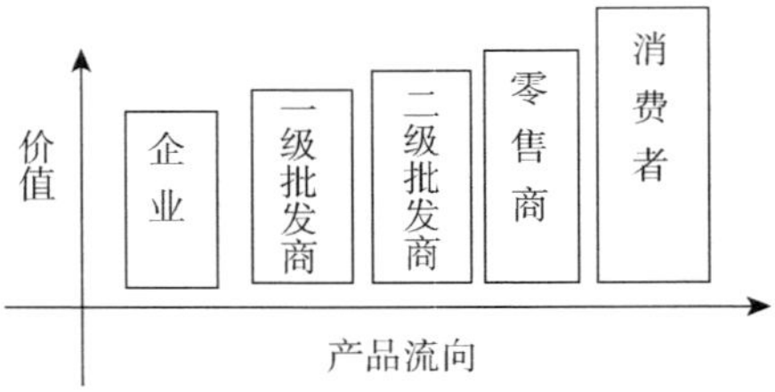

图 1－2　价值链图

由于不了解价值链，也不知道价值链与渠道运作、渠道管理的关系，很多人对渠道的认识一直模糊不清。从价值链的角度看，下面这些常见的问题就很容易解释了。

■ 问题一

企业采用直销模式或者经销商分销模式，仅仅是因为有费用的区别，有管理的优势、劣势，有产品或品牌展示的区别吗?

企业采用直销模式主要是企业想自己完成整个产品的价值实现过程。企业认为，自己能为消费者创造更多的价值，包括品牌价值、服务价值、便利价值等。同时，企业也能从终端或消费者那里获得更多的回馈价值（如信息、需求等）。

经销商分销模式也能通过经销商的资源（如运输、地理、仓库、配送等），使产品实现增值。如果企业自己不能让产品增值，就会让经销商分销产品；如果经销商分销产品达不到企业让价值增值的要求，企业就有可能不考虑费用，狠下心，自己做直销。

当然，还有一些企业既采用直销模式又采用分销模式，这也是为了在不同情况下利用不同的渠道运作模式，实现产品价值增值。

■ 问题二

有些大型企业（如健力宝、旭日升）的渠道体系比较健全，甚至有遍布全国的渠道网络，但为什么会一夜之间衰落呢?

很多大型企业的渠道体系突然崩盘，通常被认为是渠道没有根据市场的发展趋势做出调整、没有细化运作渠道。其实，主要原因是，企业没将渠道当作一条完整的价值链，只考虑经销商一个节点，以为这个节点能代表整条价值链，没考虑到只有在消费者花钱购买产品后，才能产生价值。价值没有真正传递给消费者，是这类企业失败的根本原因。

问题三

如何考核业务员的业绩?

很多本土企业将订单量作为业务员的考核指标，业务员为了完成业绩、为了实现目标，产生了压货而不是销售的问题。很多大型企业完全可以用经销商或终端的出货量考核业务员的销售业绩。例如，一些啤酒企业利用行业独有的空瓶回收程序，将空瓶数量作为业务员的业绩考核指标，将业务员业绩考核与产品实现的价值全面挂钩。

问题四

为什么经销商处境艰难，仅仅是因为超级终端的胁迫吗?

在当前环境下，“低进高出”的大流通能力导致产品价值不高，而传统经销商在管理能力、物流水平、服务水平、产品购买便利等让产品增值的能力上没有优势；和一些现代新兴渠道或超级终端渠道相比，经销商的渠道价值链更长，更容易让零售终端钻空子，被零售终端毫不费力地甩到一边。

很多经销商喜欢窜货、砸价，这与价值链理论背道而驰，这样做不仅不会使产品增值，还会使产品贬值，因此，经销商无法持续盈利。

很多经销商向上游或者向下游渗透，但成功者寥寥无几，因为这样做虽然能缩短价值链，但是如果没有提高相应的能力，产品价值并不能得到有效提升，消费者就不买账！

问题五

渠道层级是否越短越好，扁平化运作是渠道改革的唯一出路吗？

其实，不管渠道有多少层级，只要能让产品尽快地、更好地实现价值，渠道层级就无所谓长短。

例如，很多采用过深度分销模式的企业，现在都在转型，改用以前的经销商为主、企业协助操作的模式，这些企业的渠道层级经历了由少变多、又由多变少的过程。采用深度分销模式后又成功转型到分销协作的企业，即使撤销了深度分销队伍，只要产品价值没有因为企业撤销深度分销队伍而减少，只要能让消费者感受到企业投入的、放大的价值，渠道改革就是成功的。

应该说，无论是企业、经销商，还是现代渠道的零售商，都越来越会“算账”了。但是，他们都是站在自己的立场上“算账”的。如果能全盘考虑整条渠道（包括消费者），进行有理、有利、有节的“算账”，同时，考虑的不是单纯的表面现象——价格，而是内在的规律——由一个个价值增值单元形成的价值链，那么，企业的渠道运作、渠道管理就能拨开云雾了！

3. 设计合理的渠道价格体系

企业在规划渠道结构时，最先想到的是有哪些渠道成员，应该将渠道成员分成几级，从零级（企业直销）到四级（企业、经销商、二级批发商、三级批发商、终端商）不等。由于每级渠道成员的销售功能都有一定的差异，所以，企业有必要有针对性地设计合理的价格体系。

很多企业在设计渠道价格体系之初，并没有设计产品价格体系，或者不知如何设计渠道价格体系，或者产品价格体系设计得不合理。即使企业发现渠道价格体系有问题，也不知道如何调整价格体系，甚至害怕调整价格体系会触怒渠道成员。

企业在设计渠道价格体系时，应该注意哪些要点呢?

■ 要点一

认同价值链原理，也就是说，各个环节不是独立的，而是与上下游环节紧密联系在一起的。

对渠道的正确理解应该是，企业通过各级渠道成员建立一条面向消费者的价值链，渠道成员是影响价值链的重要因素。

企业如果只关注一级批发商，不管下游的二级、三级批发商及终端商，对企业来说，这就是价值链没有完全建立起来的表现。对一级批发商来说，价值链只到他们这一层级会给他们带来很大压力。因为一级批发商要将价值链其他部分连接起来，服务好下线客户和终端。否则，就会出现二级、三级批发商被排除在价值链之外，二级、三级批发商打乱价格体系，最终导致产品崩盘的现象。价值链不健全，会阻碍价差体系的建立。

所以，很多只运作一级批发商这一层级渠道，不顾及二级、三级批发商渠道的企业，在制定价格体系时会遇到很多困难。如果一级批发商开发下线客户的意愿不强，他们就会找企业要更多的渠道开发或促销资源，企业任意给予资源或者政策、利益分配不均，都会让合理的价差体系很难维持下去。

健力宝公司就是因为渠道运作只涉及一级批发商这一层级，而有些一级批发商又不想将这条价值链的其他部分连接起来，只想找公司要政策，从而导致同一个区域市场中的相同产品价格不同，同样的二级、三级批发商或终端的产品价格不同，最终互相砸价，以至市场崩盘。

要点二

渠道划分尽量平衡，甚至所有一级批发商（无论大小）一碗水端平，如果经销商差距太大，就分级。

可口可乐公司要实现“无处不在”的目标，不可能100%靠直销产品，渠道是其实现目标的重要手段。因此，可口可乐公司的经销商非常多，月销量从1000箱到几十万箱产品的经销商都有，大经销商的要求肯定与小经销商的要求不同，可口可乐公司是如何管理经销商的呢?

可口可乐公司让所有经销商在一年365天中，不会感觉到自己与其他经销商有差别，即公司不会承诺给某个经销商更好的条件。如果不这样做，每个经销商由于销量贡献不同，公司给予不同的政策，就等同于存在多级，甚至无数级经销商，我是1级，你是1.2级，他是1.3级，还有价格体系可言吗?

有的企业认为，这么做非常难，因为批发商的水平、实力千差万别，对企业产品的销量贡献有大有小，一碗水端平的做法不可取，也不公平。因为批发商认为“多劳多得，少劳少得”，但在现实中，这种做法很难执行下去。一些大批发商因为没有比较优势而有可能放弃经销产品，这就需要企业在选择批发商时考虑批发商的实力差距不能太悬殊，实力强的批发商最好与实力弱的批发商分级，或者企业实行总经销制，由大批发商与企业共同管理实力弱的批发商。

三得利啤酒公司在上海发展得很好，与其最初选择实力基本相同的经销商，并一视同仁地执行政策有关，虽然现在渠道做得很细，但价格体系非常合理。

要点三

寻找能使产品增值或能提供增值服务的批发商建立渠道体系。

要形成合理的价格体系，靠什么支持价差体系呢？当然是批发商，他们是建立价差体系的物质基础，只有依靠他们，企业才能通过一定的渠道管理和服务辅助经销商提高价值。这就要求企业在选择批发商时，选择能使产品增值或能提供增值服务的批发商。

我们发现，那些只想窜货的批发商、那些漫无目的地砸价的批发商、那些不想为下线客户提供服务的批发商、那些只想找上游企业要资源的批发商……他们都不能使产品增值，他们都是企业建立价差体系的最大障碍。

虽然很多批发商能将产品辐射到更多的区域市场，让更多的消费者接受产品，但他们使产品增值的程度远低于破坏或降低产品价值的程度，他们不是建立合理的价差体系应有的渠道成员。

我看到很多企业在这一点上犹豫不决。一些批发商分货能力强，但并不能使产品在流通过程中体现更多的价值，反而在破坏产品的价值，如窜货、砸价、不断地搅乱市场，但企业还是不敢处理这类恶霸批发商。

所以，不少企业现在不再寻找这类“艺高人胆大”的批发商，而是开始扶持规模不大、认同企业理念、服务到位的小批发商，他们通过自己的渠道使产品比竞争产品有更高的价值，也使下线客户和消费者更加认同企业和企业的产品。各级成员的认可让企业和产品累积了无形资产。

要点四

依据企业的实际情况，找到不同渠道之间的平衡点。

如果企业有很多类渠道，那么，在设计价差体系之前，要摸清渠道之间的关系，找到价差平衡点。如同一款产品，在 A 渠道确定价格后，B 渠道的价格应该在这个价格的基础上加 1%，C 渠道又应该在这个价格基础上再减 1 元，这样就不至于窜货到其他渠道。找到这几个平衡点，渠道之间的价差体系就容易设计了。

某企业要求某一区域市场内的批发商只负责批发产品，不能向超市供货，企业自己向超市直销产品。但该企业没有找到两个渠道之间的价格平衡点，批发商的货很快进入超市，价格还比企业自供产品的价格低很多，导致该企业不得不停止向超市供货，还遭到超市的质疑。

要点五

批发商配送值多少钱？服务值多少钱？

一些企业懂得计算，这非常好，把计算结果作为价差体系中的价差，就能很好地解决价差体系设计中遇到的问题。假如企业不会计算，该怎么办？

可以找参照物，可以找同行业的标杆企业，模仿标杆企业的价差体系。但这并不是企业最终的价差体系，企业还要根据自己的实际情况调整与标杆企业的差距：业务管理能力不如标杆企业，就应该在标杆企业的价差基础上再乘以一个系数，如果业务管理能力与标杆企业相差太大，价差就翻一倍；如果产品月销量与标杆企业的产品月销量相比差距很大，就需要在现有的价格体系上再给批发商更高的折扣……如果批发商认为你的产品总体上划算，他甚至可以只销售你的产品，而将标杆企业的产品抛在一边。

很多企业在制定产品出厂价格或者消费者的消费价格时，参考标杆企业的价格，但并没发现，在制定整体价格体系时，也可以参照此法。企业如果能掌握用数据和标杆企业对比分析问题的方法，就会解决很多渠道管理难题。

要点六

不要把市场推广费用算在价差体系或给批发商的支持费用里，这部分费用应该独立核算。

很多企业的价差体系为什么不合理？因为它们让批发商承担了太多的市场推广费用，而这部分费用很难规划，导致批发商有可能完全舍弃价差体系，专注于获取企业的市场推广费用，甚至破坏价差体系。

在很多企业，销售人员为了省事，与批发商在合同中约定，将市场推广费用作为对批发商的奖励措施。例如，月销量达到多少，市场推广费用就增加多少个百分比等。批发商做得越大，就越有可能将更多的费用用于削减下线客户的进货价格，导致产品价格越来越低，价格体系失衡。

■ 要点七

如果有可能，可以完全舍弃价差体系，每级渠道实现平价销售，批发商最终获取配送费用或服务费用等单项奖励。

这是合理的，也是未来取得主导地位的价差体系的制定方法。为什么这种方法如此受欢迎呢？它的理论基础是，渠道成员使产品增值，回报就是因增值而带来的收获，并将这种收获明晰化、区别化。既体现了渠道成员真正的价值，又便于各级渠道成员明确自己的功能，加快转型，从而使渠道规范化、合理化。

在快消品行业，很多大型企业已经采取这种价差体系设计方式了。如饮料行业的终端陈列费用、牛奶行业的配送费用、啤酒行业的运输费用等，各级批发商平价给下线客户供货，通过增值服务获得奖励费用。

■ 要点八

价格体系要随促销活动的开展做出相应的调整。

很多企业都会在销售产品过程中制定促销政策，不少促销政策是针对个别渠道的，很少考虑其他渠道是否会受促销政策的影响。所以，渠道的价格体系因促销活动而做出调整时，一定要注意同期适当调整其他渠道的价格体系。否则，将会使其他渠道受到极大的影响，甚至导致整个价格体系崩盘！

总之，当我们认同渠道是一条价值链，价值链上每个环节都能使产品体现价值、能使产品增值时，我们就能合理地设计渠道价差体系了，从而使渠道发挥作用。

4. 市场规范与批发商专销不矛盾

我们一直在讨论企业的市场问题与渠道发展问题，却很少讨论批发商自身的发展问题，即使是不断发展壮大的超市系统已经挤占传统批发商的生存空间了，也没有人能提出有效的解决办法。很多人站在企业的角度寻找解决办法，很少从批发商的角度或者是企业与批发商共同发展的角度寻找解决办法。

同时研究企业的市场规范与批发商的未来发展方向，是否会有新的思路和好的解决办法呢？

现在，有的企业采取总经销制，有的企业开始为二级批发商服务，有的企业直接做终端，有的企业通过深度分销模式向所有渠道成员提供服务……这些都是企业站在自己的“一亩三分地”角度考虑的。批发商在企业的持续不断、反反复复的“改革”中身不由己，处于被动的整治状态。可以看出，批发商虽然是企业的渠道成员，但游离于企业战略发展核心之外，被企业当成工具。批发商在激烈的竞争环境中，没有产品经营的合理规划。

一些行业集约性发展趋势加强，并逐渐规范化，是否可以独辟蹊径，走出一条能带动整个行业可持续发展的市场规范化管理之路呢？有强烈进取精神的批发商，是否可以积极地思考自己未来发展的最佳方案，或者与企业共同探讨未来的生存权和发展权？

食品行业的肯德基与麦当劳，通过特许加盟成就了相互区隔的渠道，彼此合理竞争而又不互损利益，实现了共同发展的目标。

饮料行业中的许多企业，如可口可乐与百事可乐、娃哈哈与乐百氏、统一与康师傅等，曾经或正在实施区域专销计划。因为饮料行业进入门槛不高，经营者众多，这样做可以使它们不会互相砸价，为批发商的利益提供了保障。

有人会问："渠道是共用的，凭什么据为己有？这不是垄断吗？你是行业领导者，就能仗势欺人吗？"

还有人会问："批发商最大的优势在于可以集结多家企业的产品，方便下线客户配货，满足消费者不同的需求。但是，专销不就是要批发商放弃他们最大的生存优势吗？他们以后靠什么生存？"

其实，这里说的专销，并不是要将市场上的批发商一网打尽，而是选择企业的优良的批发渠道资源，规范管理，提供培训，形成统一的产品经销体系，达到专业的销售和服务水平，从而使批发商有忧患意识，全面提高自己的渠道经营水平。

让批发商不经营竞争对手的产品，并不是说不能经营其他类型的产品，而是使产品系列更加合理，以便获得更多的产品线管理利益。我们经常看到，批发商经营产品混乱、库存管理不完善、财务账目不清、没有销售体系；或者批发商经营的产品太多了，出现资金运转不良、过期产品增多、破损产品增多、与企业对账不清的问题。这些处于一线市场的批发商，他们也在思考这些问题，也在试图寻找办法克服这方面的短板。

毫无疑问，未来批发商的可持续发展能力不在于经营多少产品、不在于有多少企业的经销权，而在于自己管理生意的水平。

随着微利时代的来临，产品同质化现象严重，企业不得不将一些资源重点投放到渠道上。例如，在啤酒行业，很多企业将近70%的销售费用都用于渠道促销，由于渠道内耗、相互砸价和区域窜货，这些资源被白白消耗掉了，并没有给批发商带来利益。所以，未来的快消品行业，良好的市场环境可能比产品、价格、促销策略更重要。

对啤酒行业的批发商来说，啤酒是流通最快的快消品之一，批发商的主要工作是配送，尽快地将最新鲜的产品送到消费者面前。对他们来说，多经营几个品牌就会占用更多的装瓶箱，一则占用了更多的资金，二则容易导致管理混乱，三则缺乏主要经营品牌，每家企业的产品都做不大，无法形成核心竞争力，极易被其他批发商打垮。在这种情况下，越来越多的批发商有了只做一家企业品牌，将其做好、做大，将企业的优势转变为自己的经营优势的愿望和想法，因此，区域批发商专营合作方式应运而生。

啤酒企业通过批发商专销管理，将自己的管理经验传递给批发商。通过将自己的市场决策方法、执行标准、业务拜访、生动化陈列、仓储管理、财务管理、价格监控、促销手段、品牌营造等经验，完全传授给专销批发商，让专销批发商迅速成长；通过培养专销批发商，打造真正的有较高管理能力和操作水平的批发大户；通过培育市场，给专销批发商一个有区隔的、没有竞争对手干扰的良好环境；通过信息互补、优化资源，和企业成为真正的合作伙伴。总之，通过紧密的合作，离消费者的需求更近一步，服务周到、细致，从而使企业与专销批发商取得利益。

在蓝带啤酒公司的全国性经销体系里，即使是消费旺季，仍有近半数的批发商专销蓝带啤酒。这些批发商并非只能销售蓝带一个啤酒品牌，而是由于销售蓝带啤酒的利润高，很多批发商自愿放弃销售其他产品，或者有的批发商干脆成立专门经营蓝带啤酒的公司。因此，蓝带啤酒公司全国范围内的产品专销取得了年销售额十几亿元的业绩！

蓝带啤酒公司的批发商与公司共同分析生存形势，对自己的市场有合理的预期，并能很好地把握自己的资金投入力度，从而更好地利用投资。同时，他们在企业统一的销售体系培训下，提高了自己的销售能力和市场管理能力，增强了自己的专业经营能力。蓝带啤酒作为全国性流通品牌，流通性非常强，区域窜货、批发商相互砸价的事情却很少发生。

国内有很多地方啤酒领导品牌由于市场占有率高，也纷纷采取了专销方式，其批发商除经营自己的啤酒品牌外，不得经营竞争对手的品牌。这种方式虽然有利用地方优势垄断市场的不正当竞争之嫌，但只要不是完全占用市场渠道资源，不是完全封锁或剥夺竞争对手的渠道成员，不是无理地干预竞争对手的市场活动，就会给其他啤酒企业的渠道规划、渠道成员管理、企业可持续发展带来有益的启示。

我们相信，不久的将来，专销是企业与批发商努力探索并积极尝试的销售方式之一。

5. 经销商要管理好企业零售代表

中国消费者喜欢在自己生活或工作地点附近的零售终端消费，因此，企业必须招聘较多的零售代表为零售终端服务。

服务零售终端的销售模式虽然好，企业实施起来却有苦难言。这些零售代表其实并不好管理，除有督导监控他们的工作、企业用一些管理工具限制和考核他们的工作外，企业并不能完全掌控他们的工作。于是，企业又将零售代表派驻到这些区域市场的经销商处，由企业和经销商联合管理零售代表。

快消品品类众多，经销商一般经营很多类产品。这样，经销商处就出现各企业零售代表扎堆儿的现象。零售代表的服务对象众多，为节约时间，他们通常采用不用到企业报到、只需早晚到经销商处报到的考勤制度。零售代表的日常工作实际上已经脱离了企业的管理。

那么，经销商该如何有效地管理这些企业的零售代表呢？

北京地区某饮料经销商利用独创的“看板管理”方法，将不同企业的零售代表管理得很好，并取得了不错的销售业绩。如表 1 - 1 所示，A、B、C、D 代表四家企业，a、b、c、d 代表四家企业的零售代表。经销商选择订单数、客户数和销量作为每个零售代表每天的考核关键指标，按每天不同的工作重点设置当天权重数，再排出各零售代表的当天业绩排名。

表 1－1 “看板管理”业绩表

日期：

企业	A	B	C	D	权数
零售代表	a	b	c	d	
订单数	…	…	…	…	30
客户数	…	…	…	…	30
销量	…	…	…	…	40
得分					
排名	3	2	4	1	

在管理方法上，这张表将量化管理、激励管理、排名管理、关键指标管理等方法有效地结合在一起，形成“看板管理”方法。

“晨练”

每天早晨，针对看板上标明的各零售代表前一天的表现，经销商要与各零售代表单独谈话，着重安排需要重点执行或要有针对性做调整的事情。如针对他所就职的这家企业的市场状况，哪些零售终端需要重点拜访；哪些产品要铺到哪些目标终端；哪些终端当天尽量攻下来，尽量达到能进货的目的。销量为什么不好？终端拜访数量不足的原因是什么？订单数不足是因为产品不好卖还是没有全部拜访终端……如果企业最近有新的促销活动或销售政策，就要提醒他们不要忘了将政策及时贯彻到终端。

通过谈话，经销商对当天零售代表的销售状况做出初步判断，也对前一天每位零售代表的工作表现进行总结，对零售代表的工作给予及时指导的同时，也提示经销商考虑是否需要与企业沟通货源、资金安排是否合理、仓库运输是否顺畅等问题，为经销商当天的内部管理工作做好铺垫。

"回巢"

每天下午，经销商会整理各零售代表的订单、拜访记录。许多零售代表可能会认为，这是企业内部的事情，经销商不能"多管闲事"，有的零售代表会采取不合作的态度。这时，经销商不必强求零售代表，当每天的看板结果出来以后，"0"记录肯定会被前来巡查的企业上级主管或督导看到并进行深入调查。到头来，零售代表还是会被上级主管要求与经销商合作。

零售代表回到经销商处，经销商通常会给他们布置"作业"，让他们自己统计各项数据，并在看板上填写数据。在他们填上自己的成绩后，由一家企业的零售代表牵头分析当天的工作、分析当天的成绩和不足、分析竞争对手（经销商处一般不会同时有两个是竞争对手的零售代表）、分析市场形势、总结改进措施。这样做，能促使各企业的零售代表互相促进、自我管理，最终达到资源共享、共同提高的目的。

调整

由于每周的工作重点不同，或者经销商通过看板，了解到某零售代表在某些方面存在弱项，经销商会通过调整权重确定每周的工作重点。订单数、客户数、销量的高低，经常能反映出零售代表在哪些方面下了更多功夫，哪些方面未引起他的重视。通过调整权重，便于零售代表改进弱项。

■ 排名

排名是一项很有意思的工作。许多零售代表可能只是在上学期间，每个学期期末看到自己的成绩排名，而在经销商处，天天可以看到自己的排名。看板上的排名效果比学校里的成绩排名好得多，也不容易隐瞒和掩盖事实。因为看板一般放在人员众多、流动频繁的临街商铺或批发市场，排名靠后会招致非议！

通过合理调整权重，通过实施和综合评估关键指标，得到各位零售代表每天的得分和排名。虽然排名只是一个数字，但它会在工作时间内印在零售代表的脑海里，激励他们努力，以便上交更好的拜访成绩单。

■ 当日事当日毕

每天都将当天的零售代表的重点工作表现统计排名，并将其用看板的形式公开出来，这就是当日事当日毕的真实表现。

■ 分析

经销商虽然不会用太多的分析工具，但作为生意人，他们是用脑分析的高手。他们对数字的敏感和准确判断是很多零售代表不及的。经销商把这些数字在脑海里过一遍，便能做出谁认真、谁负责、谁偷懒、谁勤奋、谁遇到了困难、谁要了小聪明的准确判断。经销商在鼓励、奖励工作表现突出的零售代表的同时，提报所属企业表彰和提拔该零售代表；帮助工作表现不好的零售代表找到原因。如果是主观原因，则进行开导，看是否还有改变和进步的机会，或提报给所属企业，由企业处理。

总结上述具体操作步骤，我们就会得到一个系统化、规范化的经销商工作流程，如图 1 – 3 所示。

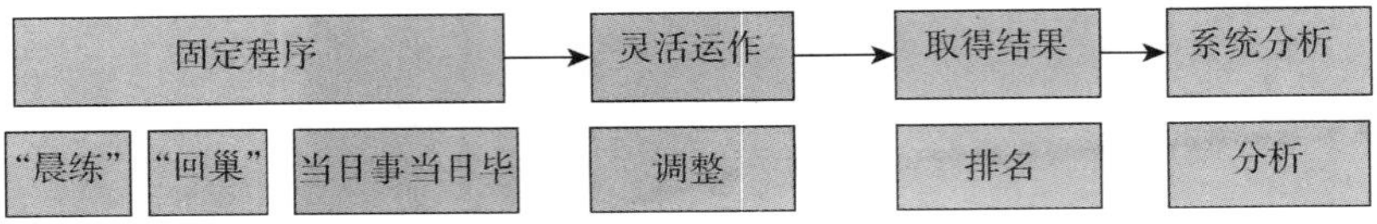

图 1 – 3　系统化、规范化的经销商工作流程

虽然零售代表并不习惯这种管理方式，可能还有抵触情绪，但实施看板管理后，零售代表很愿意接受这种管理方式。因为这种管理方式在他们倦怠的时候能激励他们，促使他们提高业绩；企业管理者对此非常满意，因为这种管理方式解决了长期困扰企业的管理问题。

第二章 渠道冲突管理

1. 渠道冲突，企业有责任

渠道冲突似乎已经成了企业渠道管理的顽疾。企业虽然想尽一切办法，在合同里严格约束经销商的行为、严格区分销售区域、严格监控销售过程，发生问题时，严格处理经销商，但依然没有解决根本问题，渠道冲突似乎总是“野火烧不尽，春风吹又生”。

渠道冲突问题真的那么难解决吗?

其实，企业的渠道冲突基本上是由政策分配不平衡、促销执行不到位、返利时间或返利物不恰当、渠道费用分配不合理、没有严密的物流控制体系、新旧产品的渠道策略失当、强势终端沟通乏力、货款管理不完备等原因导致的，这些都与企业制定的策略有关。看来，是企业自身的弊端引发了渠道冲突，却在渠道上找问题、找解决办法!

渠道冲突不只是渠道的问题，还是企业营销战略及执行的问题!

■ 战略上的缺失

渠道冲突产生的原因是企业营销战略的缺失和渠道战略的不合时宜。

首先，企业在制定战略时，经常将渠道作为产品销售成功的唯一因素。企业的产品一推出，就在心里默默祈祷：“希望产品能通过渠道一炮打响，希望渠道成员能够很快接受产品，并且以最快的速度分销产品，希望渠道成员能够在没有追加投入的情况下，完成销量、收回货款……”

所以，企业只要将产品生产出来，剩下的事情就全部交给渠道了。我们到市场上走走，在经销商处经常可以看到这样的新产品上市方案："本企业的新产品××将于××月××日隆重上市，为了取得良好效果，特开展渠道促销活动，一级批发商进××箱赠××、二级批发商进××箱赠××，活动日期为××日—××日……"

产品销售最重要的前期工作，基本上就是用简单的政策，让渠道成员在短时间内大量进货，至于渠道管理，以及上市后的市场管理就无人提及了！在这样的销售战略指导下，渠道能不出问题吗？

其次，企业在制定战略时，渠道被当成外部资源，导致渠道成员与企业利益不一致。也就是说，企业将渠道各级成员当作工具，而不是合作伙伴、事业搭档，当然会产生渠道冲突了。事实上，渠道冲突最严重的企业就是那些在一个区域市场找一个经销商后就放手不管的企业，只要能发出货、能收到钱就什么都不管的企业，仅将经销商当作卖货工具，最终吃到了渠道冲突的苦头！

最后，企业采用过时的渠道模式，不能满足当前的销售要求。我们并不排斥传统大流通、大批发、大占有的销售方式，也不鼓吹直销模式、深度分销模式如何好，但传统模式在社会化大分工和精细化管理的情况下确实需要做出调整，例如，加强管理、组织人员培训等。

我们经常看到企业利用一个机会发展壮大的例子，但很少有企业真正将渠道当作企业的一部分，和渠道形成营销战略整体。以前，很多企业在产品研制出来可以销售的时候再招商，这是没有把经销商当作企业营销战略伙伴的表现，所以招商形式走下坡路也就不足为奇了。

可以说，很多企业还没将渠道提高到与战略同等重要的地位上，只是单纯地认为产品销售需要渠道，并不认为渠道与企业、产品等是密不可分的关系。企业如果在制定营销战略时，只在产品推向市场时才想到利用渠道就太晚了。

策略上的偏差

其一，企业在制定策略时，产品、价格、渠道、促销、消费者等各项因素往往是孤立的，或者根本就没有考虑这些因素。最常见的例子是，只制定渠道政策而忽略了消费者，结果消费者对产品不买账，从而使渠道政策最终变异成渠道成员砸价、窜货的有利工具。

其二，企业在制定策略时，将完成销量当成工作重心，忽略了渠道成员的操作步骤及具体行为。这种只问结果不问过程的策略使渠道成员对策略有不同的理解，从而产生不同的行为。

企业的销售策略书中，只提能完成多少销量，以及需要多少费用等，不提渠道成员需要承担的责任与义务，或者最多只是说，如果违规将受到处罚等，这明显不是负责任的管理行为。

其三，企业在选择渠道成员时，主要考察他们的流通能力、资金能力，忽略了渠道成员的其他因素。例如，信誉、价值观、经营理念等重要的软因素常常被企业忽略，导致渠道成员思路不一、素质参差不齐。这是企业选择渠道成员最容易犯的一个错误，也是最难解决的问题之一。没有找到预期的渠道成员，退而求其次，将就选择一个自己并不满意的经销商，最终有可能给企业埋下“定时炸弹”。

现在，有些企业已经达到几天一个销售策略，或一个销售代表手上同时掌握几个销售政策的程度。竞争对手有什么动静立即反攻，也不管这个政策会不会带来不良后果。这些未经仔细考虑的销售策略会产生很多渠道问题，很多企业都在鼓吹其制定的销售策略如何合理和有效，其实，总让渠道吃“西药”，虽能立刻止痛，但最终会将渠道治垮！

■ 错误的渠道管理思想

无论是“企业本位”思想，不事先防范、事后严罚的思想，还是只想用罚款、保证金、返利等控制渠道成员的思想，都是错误的渠道管理思想。

思想决定行为，思想不正确，企业管理渠道的行为就不是合理的销售管理行为。这些思想使企业离市场越来越远，与渠道买卖式的业务关系和深耕细作渠道的思想发生碰撞，产生了巨大的渠道管理成本。

■ 市场服务能力不强

第一，企业能力与渠道运作及发展不匹配。在很大程度上，企业的市场服务能力比较弱，服务渠道成员的能力比较差，很多企业还处于“管理市场”“管理渠道”的阶段，对企业必须服务渠道成员，以求其更好、更快地服务消费者的认知不足。企业的功能应该是“服务”而不是“管理”，没有认识到这一点，企业很难提高市场服务能力，企业给渠道成员的印象是“只知道索取利润，对渠道不闻不问”。服务不到位，使本来就不太规范的渠道更容易出现问题。所以，很多企业都在大力推广渠道下沉、精耕细作、深度分销等模式，努力提高自己的市场服务能力。

第二，在与渠道成员的利益不一致时，企业的博弈能力弱。有些大型国际企业能与现代卖场实现共赢，就是因为双方能力相当、谈判地位平等。实际上，有些企业被几个大客户控制，如果企业与经销商在满足消费者需求、毛利率、客流量、产品表现等方面发生分歧，也是因为企业的市场运作能力不如经销商，从而使企业处于被动地位。

第三，企业的领导能力弱。那些市场服务能力弱、根本不知道如何服务市场的企业，那些只知道用高压政策去“管”渠道、将市场服务甩给渠道成员去做的企业，逐渐衰败或逝去。市场需要企业提供服务，因为所有的渠道成员都是企业的客户。企业没有从“管理市场”转变为“服务市场”，让能力有限的各级渠道成员全面管理他们的下线客户并提供服务，当然会发生冲突了。

■ 随处可见的不当的渠道管理行为

在战略、策略、能力、思想都发生偏差或者错误的情况下，企业的销售行为肯定严重偏离了规范的市场轨道，这种由于企业的错误导致的渠道冲突也就“无处不在”了。执行方式不公平、大户与小户不对等、业务员为销量纵容渠道窜货、各项措施执行偏差等不当的渠道管理行为，引发了一次又一次的渠道冲突，企业也在一次又一次的无奈处罚中将渠道冲突逐渐升级，导致渠道崩盘。

行业里的人赞成用“胡萝卜加大棒”的方式对待经销商，其实，在渠道冲突问题上，企业最好先将“大棒”对准自己。

2. 企业对渠道要服务在先

销售部的领导最常说的话就是：“把经销商和终端管理好，将自己区域市场内的业务管理好。”业务员会认为，渠道管理是业务管理的重要组成部分，业务员的销售政策、渠道促销、货款回收、信息收集、业务拜访等核心工作都与渠道有关，如果没有管理好渠道，就不能实现预定的销售目标。总而言之，将渠道管理得越好，就越能维护好市场、取得更好的业绩，但是，我们发现，这个观点越来越站不住脚。因为这是企业内部管理概念毫无根据地照搬到业务系统的肤浅表现，是市场运作重点从厂家转到消费者后，企业仍停留在推销阶段的落后的销售思想。

只要我们认可“产品要满足消费者需求”这个终极目标，渠道管理就应该调整为渠道服务！

计划、组织、指挥、协调、控制等管理基本功能，在企业的渠道运作方面都应臣服于渠道服务这个最高原则。可以说，渠道运作的主要功能就是渠道服务，而不是对渠道进行计划、组织、指挥、协调、控制式的管理！

企业是服务机构

企业的产品是为消费者生产的，以消费者为导向，使企业不再是管理者，而是一个满足消费需求的服务机构。很明显，原来的“买卖”式经销商已经转向“服务”式经销商。将产品批发给经销商就万事大吉的时代已经过去了，我们将这种销售方式称为“转移库存”。现在，我们考量业务的指标不再是经销商每月的进货量，而是企业的产品在终端的覆盖率和在整个市场上的占有率等关键指标。

大批发商麦德龙公司赖以起家的法宝是“现购自运”，中小批发商、零售商到它的卖场采购必须自备运输工具，并且现款现货。我们都知道，下游客户能接受现款现货而不是要求账期，主要是因为供货商提供了更多的价格折扣。如果货物的周转速度太慢，下游客户宁可进货价格高一点，也希望通过账期减轻资金压力。

为了让客户更快地出货、提高周转率，麦德龙公司不但在采购上下功夫，而且在产品信息和经营咨询上向客户提供无偿服务。例如，每两周，会员单位都会收到麦德龙邮报，会员单位通过阅读邮报了解产品特性、质量、规格和价格，便于客户做出采购决策。公司和各商场均设有客户咨询服务部门，通过分析收集的信息，根据各客户的经营情况提供业务咨询服务，与主要的客户沟通，向他们提供采购建议，帮助客户降低采购成本、提高业绩。

麦德龙公司不但树立了服务下游客户的思想，而且找到了将这种思想付诸实践的方法。大家或许只注意到它的“现购自运”的贸易条件，却忽略了支撑这种贸易条件的战略思想和实现途径。

对麦德龙公司来说，它的客户是自己找上门的，即使成为其会员，麦德龙公司也不能向他们压货。那么，麦德龙公司靠什么吸引中小批发商和零售业主呢？业界总结麦德龙公司的经营模式是，用零售的方式做批发。这绝不是把批发商的仓库变成具有零售功能的卖场这么简单，想想零售的方式到底是什么吧！只是找块地皮建座房子吗？想想零售商是如何对待消费者的？腿长在消费者身上，他们用钱投票，零售商只能利诱，不能威逼。零售商不断研究消费者的特点和弱点，让其在一次次的“冲动”与“算计”中，帮助零售商完成利润大业。

麦德龙公司的例子给我们的启示是什么？同样是对待下游渠道成

员，我们的企业要看着、管着、监督着，最后还用合同约束着，而麦德龙公司却能做到“姜太公钓鱼，愿者上钩”。

服务于离消费者最近的终端，服务于为终端服务的经销商，和渠道成员一起共同拓展和维护市场，让产品更接近消费者，及时满足消费者的需求，这是麦德龙公司成功的主要原因，也是检验我们的营销工作能否取得成功的唯一标准。

按照市场规则服务

无处不在的市场规则才是真正的渠道管理者，企业要按照市场规则服务渠道，而不是按照方便自己的原则管理渠道。

即使企业不参与，不对渠道进行变革，渠道成员也要在市场规则这只“看不见的手”的管理下，不断提高自己的能力。激烈的市场竞争使渠道成员要么成了配送商，要么必须覆盖终端，要么与其他渠道成员联合，要么“简化”为某个单一渠道或单一产品的经销商。渠道成员要么发展，要么出局——有理念者飞速发展，无理念者无立足之地。

快消品行业是市场化程度最高的行业之一，无论是国际企业还是本土企业，都必须按照市场规则为终端和渠道中间商服务——为终端做生动化陈列、为中间商拿订单等工作。如果企业不这么做，就会被竞争对手打败。

我们经常听到一线经销商这样说：“市场就这样，我没办法不改变啊，二级批发商要我送货，就是大年初一，我也得上班，我不可能因为过年而拒绝批发商；二级批发商迫于竞争，已经向小卖部直接送货了，我也要找机会做车销（即开车并带着产品到渠道现场销售产品和收款），否则就会被淘汰。”其实，企业和经销商一样，如果不按照市场规律服务下线客户和消费者，就会被市场这只‘无形的手’淘汰！

企业的一线业务员经常无奈地感叹：“经销商好难管，怎么办啊？”其实，这正是企业需要转变观念的时候，企业要用心提高对渠道成员的服务水平，提供更丰富的服务内容。

■企业要靠服务取胜

在以消费者为导向的市场环境中，企业要获得比竞争对手更多的利益，就要在渠道管理之外——靠服务取胜，靠服务让产品增值。过去，企业通过找到条件好的经销商，或者因为二级批发商数量多、分布面广而获得竞争优势，现在，这是不可能的事情。企业已经认识到，即使竞争对手的经销系统很完善，自己也可以通过服务打败他们！

台湾地区的顶新集团，1988 年才开始在中国大陆投资，当时，统一企业在台湾地区早已赫赫有名，并且是台湾地区第一食品企业。在很多人眼里，顶新集团虽然在中国大陆市场上靠方便面取得了竞争优势，但要长期与统一企业——台湾食品巨头竞争，大家还真替顶新集团捏把汗。然而，20 世纪 90 年代中期，顶新集团对渠道进行了为期 3 年的精耕细作，在渠道服务方面比统一企业更胜一筹。

当时，顶新集团将北京地区的近 20 个大批发商全部“砍掉”，把剩下的批发商改造成物流配送商和邮差配送商，让他们为终端提供配送服务。同时，顶新集团还招聘了大量的助理业务代表，为终端提供订货服务等。顶新集团已经完全掌握了渠道服务的精髓，因而在饮料领域轻松地获得了茶饮料市场占有率第一的位置。足以证明，通过服务给产品带来的增值已经超过了传统经销商分销产品的价值，并且还有可能取得更大的成功。

通过渠道服务，经销商和终端的思想与企业的思想一致，都认可消费者是第一位的观点；渠道成员自身能力得到提高。这些做法都能让产品深入人心，都能让产品获得比竞争对手更高的附加价值，从而让企业获得更多的利益。

企业如何提供服务

企业没有渠道管理权，销售队伍也仅仅是一支服务队伍。只有认识到这一点，企业才能看清销售的本质——服务消费者。所以，少谈管理，多做服务，从转变思想开始、从现在开始。

（一）渠道服务要贯彻以消费者为导向的思想

业务员每天面对的是渠道成员，如经销商、二级批发商等，但他们始终不能忘记，渠道成员只是中介，消费者才是企业实现销售目标的真正用户，这需要企业从上到下统一认识。

渠道终端成员以消费者为导向的意识最强，但渠道中间成员就需要企业的引导，扭转他们因不能直接接触消费者而没有以消费者为导向的意识。

（二）渠道服务以终端为出发点

上游联结渠道各级经销商，下游联结消费者，这是渠道服务的关键点和出发点。通过业务系统在终端贯彻渠道服务的理念，让经销商和消费者感受到企业的服务理念、服务态度、服务执行水准和服务效果，从而进入“推拉合一”的营销最高境界。

（三）销售部就是服务部，业务代表就是客户服务代表

销售部的职责不再是经销商的联络部门，主要任务不再是拿货款、开订单，而是以终端服务为核心，为渠道成员服务。业务员转化为客户服务代表，向渠道经销商提供市场操作服务，向终端提供无微不至的服务——最大限度地为消费者服务、亲近消费者。

改善渠道管理、为渠道服务，绝不是换汤不换药、新瓶装旧酒，它是以消费者为导向、提高企业竞争力的最佳手段。

3. 案例：可口可乐公司的渠道平衡之道

■ 可口可乐公司在中国的渠道系统

可口可乐公司的策略是，让业务员和渠道系统进入每个市场角落，让产品无处不在。目前，某些城市的可口可乐系列产品的铺货率甚至高于100%，因为一些非传统的销售点也在销售可口可乐系列产品。

可口可乐公司在中国的渠道系统如表2－1所示。

表 2 – 1　可口可乐公司在中国的渠道系统

现代渠道			传统渠道														
KA			批发	101	直营												
大卖场	连锁超市	便利超市			餐馆	交通	百货店	食品店	快餐	酒店娱乐	食杂店	学校	摊贩	旅游	窗口店	网吧	……

从表 2 – 1 可以看出，可口可乐公司对渠道的总体划分是传统渠道和现代渠道，反映了传统渠道在中国的快消品市场上所占的比例。不少外资企业就是因为忽视了传统渠道，才退出中国市场。渠道虽然很多，但可归结为 KA（Key Account，即重点零售客户）、批发、101 或 CSS（即可口可乐的传统零售点销售服务系统）和直营四类渠道，这四类主渠道构成了可口可乐公司渠道系统的主框架。

不同渠道的合同管理

可口可乐公司的三个合同奖励关键指标为生动化考核、销量返扣和账款考核（在一定账期内未收回的货款，并非赊账经营）。这三个指标在不同渠道的重要程度和要求是不同的。如表 2 – 2 所示。

表 2 – 2　不同渠道的合同管理

KA	批发	101	直营
生动化考核 销量返扣 账款考核	总销量返扣 非碳酸饮料销量返扣	单箱配送奖励	销量返扣 生动化考核

对 KA 渠道成员来说，生动化考核最重要，要将店面表现、常规堆头、特殊堆头，以及各项促销活动的检查内容和考核标准详尽地列在合同里。对 KA 渠道成员进行生动化考核和账款考核，与批发客户的销量考核区分开，尽量避免 KA 渠道与其他渠道的正面竞争。

对批发渠道成员来说，从单纯的总销量返扣考核过渡到非碳酸饮料销量考核。以碳酸饮料闻名的可口可乐公司，将非碳酸饮料的考核单独列出来，一方面是为了提高非碳酸饮料的销量，另一方面是为了让渠道成员牢牢记住——可口可乐公司要成为一个全方位的饮料公司。可口可乐公司加大对批发商的非碳酸饮料销量考核力度，避免批发商只做成熟品牌，并有效地解决了批发客户用可口可乐公司的成熟产品冲击其他渠道的非成熟产品的问题。

对 101 渠道成员来说，通过给予 101 渠道成员配送货物奖励，使该渠道成员脱离流通渠道，避免与批发客户争夺渠道下线客户资源，消除渠道窜货的隐患。

对直营渠道成员来说，由于直接面对消费者，有业务员为他们服务，并且能够依据实际情况采取个性化策略。所以，冲击其他渠道或被其他渠道冲击均不太可能发生，他们主要从个性化服务中获得利益。

许多客户通过看可口可乐公司的合同，就能明显感觉到可口可乐公司的个性化管理和对他们的尊重。更重要的是，这个合同不是走过场，是真正管用的合同，不像某些公司的合同，一旦市场出现问题，合同就如同一纸空文，根本没有约束力。

各渠道系统间的平衡

（一）KA 系统

可口可乐公司的渠道系统将 KA 系统细分为大卖场、连锁超市和便利超市三类。如果一个 KA 渠道成员同时拥有三种业态，就会拿到三份不同的合同。

KA 系统属于现代渠道，在国际市场上，很多 KA 系统客户已经是可口可乐公司的渠道系统的长期合作客户，所以，可口可乐公司还专门派谈判经理负责此类国际大客户的合同谈判工作，使合作更加紧密，并符合国际合作惯例。如表 2－3 所示。

表 2－3　KA 系统各指标考核比例样表

KA 系统		
大卖场	连锁超市	便利超市
生动化（%）	生动化（%）	生动化（%）
销量（%）	销量（%）	销量（%）
回款（%）	回款（%）	

（注：表中各项表示在这种业态下的关键指标，其百分比为占总体考核的比例。）

在 KA 系统中，生动化是平衡渠道系统的主要因素，也是可口可乐公司以消费者为中心，提供个性化服务的体现。很多同行都知道 KA 系统大客户向其他渠道窜货带来的可怕后果，在可口可乐公司，KA 系统客户没有向其他渠道辐射的能力，虽然他们都是月销量很大的客户，但只能在自己的卖场内与可口可乐公司联合做促销。

（二）批发系统

在可口可乐中国分公司的批发渠道系统内，没有一级批发商、二级批发商、特约经销商、分销商等繁杂而又无效的客户分级，可口可乐中国分公司将他们统称为批发商，他们的奖励政策相同。这些批发商的合同除销量目标不同外，其他都相同。

可口可乐公司与许多企业不同，它会帮助批发商做市场，帮助他们管理业务，并通过培训使其与可口可乐公司一起成长，而不是像某些企业那样，把批发商扶植成经销商，让其管理市场费用、开发市场，自己坐收利润。

（三）直营渠道系统

虽然直营渠道较多，但经过多年摸索，可口可乐公司能有针对性地运作不同的直营渠道。如表 2 –4 所示。

表 2 –4　直营渠道系统的考核重点

直营渠道系统												
餐馆	交通	百货店	食品店	快餐店	酒店娱乐	食杂店	学校	摊贩	旅游	窗口店	网吧	…
销量	销量	生动化	生动化	销量	销量	生动化	生动化	销量	销量	生动化	销量	
	非碳酸饮料销量	销量	销量		单品销量	销量	销量		活动开展	销量	非碳酸饮料销量	
		账款			账款		单品销量					

直营渠道反映了企业的市场掌控能力，在可口可乐公司，主要体现了企业的个性化服务能力和统筹能力。例如，针对快餐行业、工矿企业、旅游景点、各类学校应该提供哪些服务，应该给予什么样的销售政策等，体现了企业的精耕精神。这个销量不是特别突出的渠道，却真实地反映了可口可乐公司“为大于其细”（在细微之处成就大事）的企业文化精髓！

通过对上述各个渠道实行合同化管理，平衡各个渠道的各项奖励政策，在具体执行过程中，严格遵守各项奖励政策，各个渠道各司其职，在固有的程序和模式监控下运转。

■ 价格体系和促销

（一）价格体系

虽然有年度合同做保障，但销售周期还是按月计算，每月都要明确销售策略和销售计划。在可口可乐公司的业务系统中，每月至少有一次业务计划会，在该会议上，图 2－1 最常见。

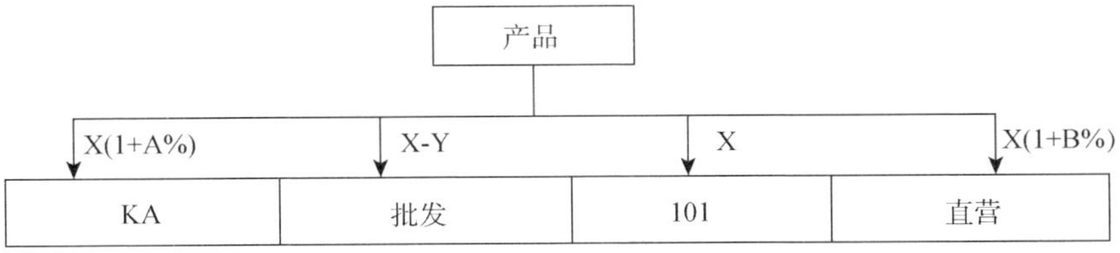

(注：图中百分比表示扣点，X表示产品的单箱价格，Y表示价格差。)

图 2－1　各渠道的价格体系

图 2－1 表明，KA、批发、101 和直营四个渠道有可能实现量化的

平衡，它们同时反映了每月实施的业务策略必须遵守一条铁律——各个渠道的价格体系平衡。如果本月某个渠道必须打破上个月的价格平衡体系（涨价或降价），那么，企业就要重新制定各渠道的价格体系，重新实现平衡。

（二）价格折让

由于可口可乐公司销售的大多数产品是非常成熟的产品，价格透明度高，仅靠平衡的价格体系不能完全吸引客户进货，因此，它经常打破一个价格平衡体系重新建立另一个价格平衡体系，这往往需要明确价格折让方式。如表 2－5 所示。

表 2－5　价格折让方式

KA	批发	101	直营
扣点折让	直接调整价格	搭箱折让	搭箱折让

渠道成员心里有一笔账，只要公司改变价格折让方式，他们就会找机会向公司争取更多折让，但公司早就算好账了——让他们都能赚到应该赚到的利润。一方面，公司没有给渠道成员留下“可钻的空子”；另一方面，渠道成员也不用担心其他渠道因为价格折让窜货。

（三）渠道促销

渠道促销是许多企业运用得最多、最熟练的销售手段之一，由于手段单一和促销品运用不当，到头来，促销变成了降价、杀价的手段。可口可乐公司在促销方面的经验有三点：一是严格控制时间，二是由促销政策支持转向生动化陈列活动，三是加大监督和管理力度，避免隐性降价，使渠道促销真正成为获取市场竞争优势的利器。如表2-6所示。

表2-6 渠道促销方式

KA	批发	101	直营
堆头 展示 海报促销	旅游 实物 刮卡 集卡	生动化陈列 套餐进货	关键人奖励 集卡 桌椅 生动化用品

（四）市场活动

除了业务系统能平衡渠道外，市场部连续不断地开展市场活动也能帮助业务部门平衡渠道。业务部门利用市场部的策略开展市场活动，保证渠道平衡。例如，利用新产品上市的机会，适时地将新产品投向重点渠道，使利薄的渠道获得收益；利用灵活多变的生动化手段提高渠道成员的积极性，做好产品展示和陈列工作；利用品牌主题活动帮助某些渠道提高销量。总之，尽量避免直接使用价格手段，导致不必要的价格战和渠道窜货。

（五）其他手段

可口可乐公司还运用其他手段平衡渠道。例如，用不同的产品调和市区渠道和郊区渠道的矛盾；提高服务质量，提高产品的隐性价值；开展消费者促销活动，从而减轻渠道之间相互竞争的压力等。

■ 要点总结

（一）企业要积极主动地管理和调节渠道

市场渠道成员其实没有市场调节能力，他们也不会主动管理市场。企业一定要认识到这一点，积极主动地管理和调节渠道。市场渠道成员经营产品均是商业行为，如果破坏市场规则的操作行为能让他们短期获利，他们就会扰乱市场秩序。企业不要太天真了——依靠渠道成员的力量管理市场，事实上，整治市场秩序、规范渠道管理只能靠企业自己！

（二）平等对待渠道成员，才能真正避免窜货

避免渠道之间恶性竞争和窜货，就必须取消各渠道之间的“阶级差别”，尽量让多渠道变成同一个平台。当然，同一个平台可能会有“阶层”差别，但这种“阶层”差别必须在深入研究后再酌情实施，不可随意行事。

（三）渠道平衡不仅是价格的平衡

渠道平衡不仅是价格的平衡，还是整个价格体系的平衡。企业必须全面考虑正在销售的所有品牌、所有产品，实施渠道管理时，不仅要考虑各方面的细节，还要跳出具体事务，宏观把控趋势，这样才能获得成功。

（四）注意渠道间的互动影响

渠道平衡其实是多个平衡体系的组合，是一个系统工程，每调整一次渠道策略，都要考虑是否调整所有的渠道成员策略。所以，渠道策略调整绝不是在某个渠道上实施某项措施那么简单，要重点考虑如何调整其他渠道的策略。

（五）同时关注显性利益和隐性利益

企业要同时关注显性利益和隐性利益，不要被客户一直挂在嘴上的显性利益——利润所迷惑。在微利时代，我们更应该关注隐性利益，例如，资金周转率、行业影响力、出货能力、下线客户认可度等。同时，我们还要了解渠道成员对利益的主要诉求，有的放矢地实施渠道平衡政策。

（六）尽量避免大户操作

对大型消费品企业而言，要尽量避免大户操作。即使有大户存在，也要用长远发展策略与其沟通，降低大户的短期操作行为和“短视思路”带来的风险。

4. 如何“砍掉”大经销商

蒋老板一直以某啤酒品牌企业的功臣自居，该品牌啤酒在开疆拓土的时候，蒋老板为企业打开了整个河北衡水地区市场，因此，该市场的产品销售一直由他控制。由于蒋老板也经营白酒，而且白酒的销售市场一般较大，啤酒的销售市场较小，所以他把啤酒的销售市场扩大成了白酒的销售市场，这样，他便向其他市场窜货，甚至砸价。最初，该啤酒企业没有开发周边市场，虽然蒋老板的行为违规，但也一直没有对其进行惩罚。

随着企业的迅速发展，企业准备寻找新的经销商与蒋老板共同操作衡水市场，并且没有让蒋老板做总代理的打算。结果，蒋老板认为企业不尊重他，窜货、砸价行为变本加厉，联合其他市场的经销商一起对抗企业。该企业的李总经理经过市场考察和深思熟虑后，取消了蒋老板的经销权。

但是，就在李总经理在该市场召开新经销商订货会之际，蒋老板和一些经销商前来闹事，并且拿着一瓶经过“处理”的啤酒，宣称产品质量有问题，还向其他经销商散布“经营该企业的产品会出问题，对消费者不负责任”等言论……

企业在“砍掉”大经销商时，可能会出现双方利益均受损的现象，弄不好，还会闹到法庭。“砍掉”大经销商，怎样做到好聚好散？这是一个非常棘手的问题，没有绝对的好办法。双方要充分沟通，站在对方的立场上和共同利益角度考虑。

某企业曾经在辽宁某区域市场成功地“砍掉”了不良经销商，让我们看看该企业的区域经理是怎么做的。

周边“围剿”

在开始考虑“砍掉”不良经销商的时候，企业就应该着手寻找经销商替代他们。有时候，经销商不会察觉，因为在周边市场（该经销商负责区域市场之外）进行“围剿”，避免最初就产生冲突，从而使企业行动计划搁浅。即使经销商察觉了，他也没有理由阻止，只能更加小心。所以，在周边开发新市场和寻找新经销商，是做好废黜原有经销商前期准备的办法之一。

改革都有阵痛，但是，渠道改革、经销商的甄选不允许因阵痛导致销量下滑。所以，前期做好销量预测，充分测算“砍掉”大经销商可能损失的销量，然后让其他经销商补回销量。找好后备人选，让市场不受影响、让销量稳定，以免被竞争对手抓住机会，这些责任可能都要由区域经理承担，因此，区域经理一定要在前期做好充分准备。

■ 内部瓦解

为什么现在倒着做渠道、终端导向、深度分销、终端服务等观点这么流行？就是因为它们坚持了为消费者服务的原则，谁抓住终端，谁就能接近消费者，谁就能获得核心竞争力。

在取消经销商经销权时，同样可以应用该思想：企业应该以各种名义（如帮助经销商提高铺货率、改善生动化管理等）提高对经销商区域终端的服务质量，开展终端的拜访和调查工作，获取终端的资料、销售情况、位置、产品结构、人流量等信息，逐步瓦解经销商的根基。

当然，如果需要取消经销权的经销商本身就是一个传统流通商或“坐商”，从不关注终端，那么，操作就更容易了，因为根基不稳是不可能在市场上取得长久经销地位的！

■ 选择新客户

经销商不会轻易让企业“砍掉”他，一旦觉察企业的风吹草动，他就会想办法“反抗”。周边经销商暂时顶替他时，企业还要详细研究，做好几手准备。除心平气和地进行友好商谈外，还要防备经销商因为被企业“砍掉”而做出出格的事情。第一步已经走出去了，企业一定要坚持到底，不能犹豫！

新客户可从该经销商下线的二级批发商中选择优秀的批发商并提拔他们，或者按选择新经销商的原则选择优秀的经销商。选择合适的、能认真做市场的、有一定的市场开发能力和配送能力的经销商即可，不能按过去只顾实力不顾后果的老方法选择经销商。“只选合适的，不选最大的或最强的经销商”，这是选择经销商应该坚持的原则。

■ 加大促销力度

新经销商需要尽快进入市场，在过渡期开展终端促销活动，以便尽快铺货，将原来经销商的损失销量补上。同时，明确促销政策，让原来的经销商不能利用自己手上的产品窜货、砸价，或将该不良结果控制在最小范围内。如果条件允许，企业还可适当投入一些资源与新经销商一起开产品订货会，吸引客户，在短时间内，使其渠道网络最大化、市场影响力最大化。

消费者促销是区域经理担心销量受影响，采用的与终端促销具有相同目的的“双保险”策略。

更深入的应对措施

前面是取缔经销商的经销权的步骤和方法，我们还可以采取以下应对措施，圆满解决该类问题。

（一）如果条件允许，企业可授权办事处或联络站协调业务

如果我们并不想让新选择的经销商发展得太快，或者刻意提高其地位，就应该自己进驻这个市场，并在前期共同操作市场。这是前车之鉴，企业一开始就应将自己的管理渗透到市场，便于掌握和控制市场。成立办事处、联络站，派驻更多的业务员分管渠道和终端甚至促销活动，被取缔经销权的老经销商就没有扰乱市场的机会了。

这种方法，本质上是改变原来的传统批发方式，由企业进入市场并协助经销商管理市场。这是随着市场变化，企业对渠道的认识逐步深入的结果。

（二）如有可能，帮助老经销商转型

企业取缔老经销商的经销权，主要原因是老经销商在某些方面不能适应市场的发展。我们可以仔细分析，找到与经销商继续合作的某一方面的优势，本质是取缔经销商经销权的方式。例如，让经销商继续配送货物，成为配送商；重新审定资格，先取缔经销权，再共同协商成为某单一品牌的经销商（先下岗，再重新上岗）。

“再见亦是朋友”，如果能让被“砍掉”的老经销商脱胎换骨，有新的合作机会，这是最好的结果，企业应使“砍掉”经销商的风险最

小化。

（三）把经销商“空投”到新市场、新区域

每家企业都有一些战略性的重点销量区域市场，也有战略性的重点占有率区域市场，还可能有战略性的重点开拓市场、重点利润市场等。如果老经销商已经不适应重点销量区域市场了，企业可以根据其他市场的发展情况，将其“空投”过去。例如，让他们到其他重点开拓市场（被取缔经销权的经销商往往都是开拓市场的高手）、重点占有率区域市场，让其继续发挥作用。

如果，企业现在并没有这种划分，区域经理可以将其投放到相邻区域市场，让其成为开疆拓土的“新元老”。

一般来说，企业并不会直接取缔经销商的经销权，而是让经销商转型。所以，我们要利用企业理念与经销商交流，帮助其进步，这样才能更快、更好地实现目标。

第三章　渠道审计与新渠道开发

1. 如何进行年终渠道审计

这是王总升任销售总监的第一个年头，年终是他思考全年渠道运作问题的时候，他经过将近一年的市场运作，熟悉了企业的所有渠道，能分析经销商的数据，把握终端的销售趋势，了解了大多数经销商的情况，但是他心里还是不踏实。

他还不敢宣布明年的渠道规划；

他还不确定今年的渠道运作方案是否合理，一个渠道的政策对其他渠道的影响程度如何；

他还不知道明年对经销商调整的切入点在哪里，虽然企业管理层对经销商不满意；

他还不知道这些经销商与企业规划中的经销商的差距在哪，这些经销商如果不能配合企业实施营销规划，那么，经销商规划的方向在哪里；

他还不知道明年公司应该如何帮助经销商成长；

……

他有一个强烈的欲望——他必须在开展明年工作之前，开展渠道审计工作，从而顺利指导明年的工作。

大多数企业不会主动调整渠道政策，除非出现了问题，促使企业思考。然而，对可口可乐公司来说，调整渠道政策是每月的必修课。年底，渠道审计也是一项重要工作，可口可乐公司的经验对国内想开展渠道审计工作的企业具有一定的借鉴与参考价值。

审计渠道和谐度

渠道和谐度，即企业各渠道是否平衡。现实情况是，很多企业的管理层或者中层经理一年到头都是“救火队员”，由于企业不同渠道的策略与操作方式不同，导致不同渠道之间的价格差不同，引发不同渠道之间的价格、产品和促销冲突。

可口可乐公司非常重视这个问题，每年年底，都要进行“渠道年度分析”，将渠道之间的全年政策放在一起，分析各项显性的、隐性的政策，最终确定各个渠道的实际返利政策，确定“裸价”能否保持平衡。

这是将产品价格、折让、特价、礼品、促销品、返利、扣点、降价等企业的产品销售行为，在各渠道进行一次大审计，从而得出各种渠道当年的政策是否平衡的结论。如果不平衡，主要因素、滞销原因、渠道倾斜因素、不同的渠道管理运作人员是否按企业的政策执行等，寻找最适合的渠道运作手段，使明年的渠道运作有清晰的思路。

我们要营造总体和谐的渠道运作环境，就要建设一个“一碗水端平”的平台，为渠道管理打下基础。

审计渠道“外力”

在这里，企业要着重审计经销商的终端网络开发能力、服务能力，即渠道“外力”。

企业也好，经销商也罢，都习惯将经销商的铺货能力、资金回笼能力、网络覆盖能力当成外在能力。当企业质疑经销商没有利用这些能力而使业绩有所改善时，经销商就会说：“在这个市场上，我的能力最强!”企业也不知道经销商的外在能力到底在哪里，是什么拖了经销商营销的后腿，不知道怎样约束经销商……

可口可乐公司并不认为这些能力就是企业的外在能力。在每年的年度渠道审计工作中，可口可乐公司会根据不同的指标推进渠道审计工作，有时指标相同但权重不同。

可口可乐公司年度渠道经销商审计指标包括经销商的终端能力、服务能力、竞争能力、新产品拓展能力等。它将笼统的销售能力弱化，将渠道网络、资金、车辆等因素排除在外。这些能力在不同的区域市场、不同的渠道、不同的时间的应用不同，在企业控制下，各区域部门或一线操作部门能够更灵活地处理问题。

■审计渠道“匹配能力”

在这里，企业要着重审计渠道成员的市场匹配能力。

经销商总会拿自己所谓的优势，如资金充足、渠道网络覆盖能力强、公共关系好、车辆多、仓库大、信誉好等作为条件，与企业交涉，从而达到扩大区域市场面积、取得更优惠的政策、拿到更多的扣点或者返利的目的。很多企业总是轻信或者认为这就是经销商的能力，这样的经销商能积极配合企业的销售工作。

在可口可乐公司看来，实力变成与市场匹配的能力还有很大差距。有的经销商有大量资金、几百辆车、数百名员工，但他经销企业产品的能力有可能是零，因为经销商不会将所有资源用于经销某一企业的产品上。

可口可乐公司从市场出发，看市场要求经销商具有哪些能力，从而对经销商这些能力进行年度评估。可口可乐公司在年度渠道经销商能力审计过程中，重点考察经销商是否与自己的区域市场匹配、其财力是否与进货量匹配、车辆是否与配送区域匹配、人员是否与业务内容匹配、经营意识是否与企业理念匹配、竞争能力是否与所在市场发展趋势匹配、渠道二级批发商流通网络形成能力、渠道网络形成能力、渠道网络抵抗竞争对手攻击能力等。

虽然经销商的实力会越来越强，但经销不同企业的产品的匹配能力不同。

■ 定性与定量相结合

企业通常没有渠道审计的概念，往往凭对经销商的印象——销售目标是否完成、是否遵守市场管理规定等，完全没有“算”的概念，更不用说对渠道明年工作的理性规划了。

可口可乐公司通过一些简单而又有效的分析工具，与一线业务员的市场认识结合起来，让他们对自己所在的市场进行分析、评价、打分，而不是销售运作系统人员或者市场调研人员在办公室里闭门造车，囿于计算机分析得出结果。这些分析工具非常简单，每家企业都能拿来就用，让一线业务员对自己所在的市场进行评价与打分，反映了卓越企业开放的心态，以及以有效性为原则的管理风格。

通过一线业务员利用工具评估渠道，这种经验化的量化结果经可口可乐公司实践证明是正确的。有了这个可信的结果，经销商孰优孰劣，明年是否需要更换经销商、经销商要接受哪些培训，也就一清二楚了！

渠道审计，不是瞎盘算，而是有理有据地进行审计。

2. 可口可乐新渠道开发的启示

我们都说营销是为了发现与满足消费者的需求，但消费者的需求总要“落地”，要在消费场所才能得到满足，从企业到消费场所的途径就是渠道。营销人员是能够通过一定的营销工具或途径，把握消费者的绝大多数需求。但消费者的需求需要在不同的场合实现，如将喜欢在餐饮场所喝啤酒的习惯带到家里，从而建立新的消费场所，进而找到新渠道。消费者需求在不同环境、不同场所获得满足，将使企业的渠道越来越复杂。

可口可乐的成功最重要的是品牌的成功，但这个百年品牌仍在全球范围内不断扩张，这与渠道构建和开发有很大关系。可口可乐公司主张产品“无处不在”，实际上就是除了深挖渠道外，还要不断地开发新渠道的结果！

健怡可口可乐和 Esprit 专卖店

可口可乐公司把健怡产品放在高级女装 Esprit 专卖店销售，并把它当成销售渠道，它真实地反映了营销人员开发新渠道的思路与方法。

产品的定位应该是唯一的、不能模仿的、不能跟进的，给消费者留下独到、清晰的记忆。事实上，新渠道定位清晰。在 Esprit 专卖店里销售健怡产品，使健怡产品的定位更加清晰，即面向收入较高、新潮、注重品位、注重健康与个性的年轻白领。事实证明，绝大多数在 Esprit 店里看到健怡产品展示效果的消费者，也都成了健怡产品的忠实消费者。

这类新渠道开发的基点，实际上就是将产品与消费者细分市场对应，市场定位极具针对性。现在，许多企业开发新渠道，要么利用招商“套”渠道，要么贪大、贪全。如果开发的新渠道不符合企业的产品定位与市场定位，就不能给企业带来价值！

启示：能体现企业市场定位的渠道一定是好渠道。

可口可乐玻璃瓶装和“小红帽”配送

“小红帽”是《北京青年报》下属的发行站。在北京地区，可口可乐玻璃瓶装已不是主要的销售包装，即饮包装产品逐渐被 500 ~ 600ml 的塑胶瓶装产品取代。由于玻璃瓶装可口可乐系列产品进入市场较早，拥有一定的消费人群。很少有经销商愿意将玻璃瓶装产品与塑胶瓶装产品放在一起销售与配送，但可口可乐仍想保留该产品而又不想花费太多的精力自己做直销或者协销，怎么办？

玻璃瓶装可口可乐系列产品的消费者，主要是较早消费该包装产品的“老”消费者和当场即饮的社区便利型消费者。很明显，这与可口可乐公司其他产品的消费人群有差别。定位不同，渠道肯定不同，可口可乐公司需要重新选择渠道。

可口可乐公司分析后发现，这些消费者聚集在成熟的“老”社区，他们习惯在这些“老”社区里消费，而这些“老”社区里的居民的特点就是通过看报纸获取外界信息，通过自办的报纸配送体系，能建立消费者与企业产品的情感联系。

于是，可口可乐公司通过与“小红帽”建立合作关系，针对可口可乐玻璃瓶装产品的主要消费人群开发了一个独特的销售渠道。

只要将新渠道当作“出路”，我们就会发现，“出路”就是消费者，所以，从消费者角度出发建设渠道是正确的选择。

启示：新渠道建设一定要紧扣目标消费者，让目标消费者接受或者满足他们的情感、便利需求的渠道，就是我们要开发的新渠道！

■ 可口可乐冰露水和小卖部

可口可乐公司卖纯净水，看上去是为了实现产品多元化的目标，实际上是为了竞争。当竞争对手以水为主业，想在可乐型饮料领域分一杯羹时，可口可乐公司没有采取直接打压竞争对手产品的策略，而是采用“杀人不见血”的高招，即低价在竞争对手的主要渠道中推出主力产品，从而乱其军心，打击竞争对手的主力产品与可乐型产品。

早在2001年年末，可口可乐公司就已经在筹划冰露水产品了。为了打击竞争对手，可口可乐公司采取了非常规手法，如冬季上市、包装颜色与众不同、销售队伍任务与安排重点不同、故意断货销售、特价审批、采取新的考核方式等。在渠道运作方面，可口可乐公司砍掉其他渠道，集中资源于竞争对手的主渠道——传统型终端上。

启示：构建新渠道以竞争对手为参照物，针尖对麦芒，用“比附渠道”促进新渠道的产生！

■ 可口可乐冰露水和冷藏品批发商

可口可乐冰露水为了打击竞争对手不但专门开辟了小卖部渠道，还为了短时间内突破销量，在很多城市开辟了冷藏品批发商渠道。这些批发商主要销售冷藏品，一般有自己的冷库。

在夏天，很多非室内工作者都喜欢购买或自备内含“冰柱”的水瓶。可口可乐公司的业务系统在讨论渠道计划时，发现了这个现象，从而与许多冷藏品批发商建立了合作关系，使销量急剧上升，在某些区域取得了超出原计划四五倍销量的可喜成绩。

启示：很多新渠道要根据消费者的消费习惯或者未被发现的消费习惯开发，善于发现不同的消费习惯，就能发掘不同的新渠道。

■ 可口可乐全品类和网吧

在可口可乐公司原有的渠道体系里，网吧作为直营渠道已经成为可口可乐公司新兴渠道的主力军。网吧从一般的直营渠道之一变成新兴的专门渠道，得益于可口可乐公司对合作共建新渠道的认识。

在各类渠道中，除被称为“MT”的现代渠道商、国际标准超市、大卖场与便利店外，渠道商在企业面前更像一个弱者，这源于它们大多数是个体组织而不是规范化运作的组织。所以，在开发新渠道的过程中，一是新渠道很难自己“冒出来”让企业选择与利用；二是能用的渠道基本上都被用了，很难再发现新的渠道；三是企业没有耐性自己培养新渠道，宁愿给现有渠道让利政策打价格战。企业的浮躁与短视使新渠道开发越来越难。

可口可乐公司先看到互联网的发展前景与未来，进而看到网吧聚集了大量的目标消费者，才将网吧从原来的直营渠道中剥离出来，破天荒地与国内的“小企业”——第九城市合作，共同开发网吧渠道。在双方共同培育这个渠道过程中，可口可乐公司积累了经验，从而大胆地深入发掘网吧渠道。

启示：企业如果发现某种消费趋势，而渠道尚未成熟，那么，企业就要大胆地开发渠道，从而取得竞争对手没有的优势与渠道资源。

可口可乐全品类和“icoke”网络渠道

尝到了共建渠道的甜头，可口可乐公司又深入一步，按照公司的传播主题，开辟 www. icoke. com 网站，突破了网吧渠道的局限性，将目标消费群体一“网”打尽。

网络渠道没有时空限制，没有现实渠道的长度、宽度与深度的限制，没有现实渠道各层级成员的不同操作手法与思维的限制，成为公司的新渠道。

启示：当人类依靠智慧开辟了一个全新的、与现实多角度接轨的网络渠道时，我们要抓住这个机会，充分利用这个投入少、见效快的公共渠道！

总之，开发新渠道，问题不在于我们的产品好、招商政策好、渠道模式新颖、企业决心大，以及资金雄厚等外在因素；而在于亲近消费者，发现消费者的消费需求，从而发现以前未发现的、独有的渠道资源。企业也要以与渠道共荣、共建、共赢为使命，才能使渠道为其所用。由此可见，开发新渠道，不在于发现，而在于发掘与提升。

3. 啤酒企业如何打通餐饮渠道

众所周知，餐饮渠道是很多酒类企业难啃的骨头，原因有三个：一是餐饮店数量多且分散，不利于规划管理；二是餐饮店档次不同，增加了营销操作和渠道运作的难度；三是餐饮渠道产品选择难，从产品的口味、包装、档次到地区差异必须面面俱到。笔者以 A 啤酒公司为例，谈谈如何打通餐饮渠道。

消费者调研是重中之重

许多企业常说他们了解消费者，但很多产品都没有做消费者调研，而是从业务员或者经销商那里了解情况。

A 啤酒公司通过深度分销队伍与市场部合作，做了长达一年的消费者调研工作，了解到餐饮店的很多消费者都是自己点啤酒。在这里，消费者的需求是可以被引导的，这也是餐饮店招聘促销小姐的原因。A 啤酒公司把准消费者的“脉”，弥补餐饮店销售这块短板，以便顺利推出餐饮专供酒。

改变经销观念

将餐饮店的老板当成重要的经销商，同时，将店里的服务员当成公司的推销员。将餐饮店老板当成经销商，与正在极力推广的终端场所概念不同，企业要与其签订个性化合同、做个性化促销、明确销量指标。将店里的服务员当成公司的推销员，不只让其推销公司的产品，还要从公司层面出发，在思想和行动上影响他们，多给他们提供培训机会，树立该品牌服务意识，让他们有该品牌公司“荣誉员工”的荣誉感。同时，积极创造机会，利用他们的空闲时间，安排他们与公司员工交流，年底时评选优秀的服务员，给予旅游或其他奖励。

在策略方面，利用餐饮店的服务和推荐资源，是餐饮店专项产品推广的重要工作。因为餐饮店的服务员，能不遗余力地向消费者介绍新产品，让他们向老消费者推荐产品，是打击竞争对手的重要武器。餐饮店老板作为经销商，有销售指标就有了压力，有年底返利就有了动力。需要说明一点，这不是样板店，而是向区域市场的所有餐饮店推广产品，需要业务员付出更多努力。餐饮专供酒比竞争对手的产品的利润高，对主要从酒水中获利的餐饮店来说，无疑具有巨大的诱惑力。

有效地利用渠道资源

A 啤酒公司只选择了二级批发商中部分有餐饮客户的经销商，完全绕过正在转型成为配送商的一级经销商，将渠道扁平化后没在中间链条中损耗掉的利润给了餐饮店。这些获得餐饮经销权的经销商由于获得了“特权”，更加努力工作。通过这种方式，渠道变得更“干净”了，即公司逐步将经销商分级，为剔除不合格的经销商打下基础。

渠道价格体系一直是企业渠道规划和执行中的难点，将渠道扁平化、提高渠道中各个层级的价值，也不失为一个好办法。

■ 产品规划是重要的环节

说啤酒产品创新难，那是因为企业只从产品角度考虑产品创新问题，如果从“产品—渠道”组合概念规划新产品，就会有新发现。“产品—渠道”的结合也是对科特勒 4P 理论（即产品、价格、渠道、促销）的应用，目前，很多企业只应用其中的一个因素。

A 啤酒公司采用了精美、极富吸引力和感染力的包装，采用了原来品牌形象很好，但近年来被忽视、被放弃的子品牌，重新考虑产品定位——新旧嫁接融合策略，不但给新生代产品以新鲜感，也让老消费者重拾记忆。公司在宣传海报和瓶标上专门用大字标注了“餐饮店专供酒”，给消费者带来强烈的视觉冲击。

同时，考虑原来的包装规格，A 啤酒公司还将原来的 1×24 瓶的大包装改成 1×12 瓶的小包装，便于餐饮店进货，也满足了消费者兴起时整箱消费的需求。

■ 宣传促销

现在，在中小型餐饮店做店牌或灯箱的企业很多，但在店内贴海报、挂宣传镜框画、提供经营服务的酒类企业比较少，即使贴海报也是一年贴一两次，平时没人管。

A啤酒公司看到了其他企业的这个弱点，大胆尝试不做大规模的上市推广活动，只让业务员在两天内完成铺货工作、将海报张贴到位、以口头形式全面传达上市信息。业务员将海报、宣传镜框画贴遍了所有的目标餐饮店，在部分餐饮店外悬挂醒目的横幅。这样，没有投入过多资源的A啤酒公司达到了预期的效果。

餐饮渠道不同于其他渠道，消费者在一个封闭空间里消费，虽然有被当成上帝的感觉，但仍处于被动地位（餐饮店不允许消费者自带酒水）。消费者在餐饮店消费的时候，经常无意识地接受服务员的推荐。只要像A啤酒公司一样，认可餐饮店老板和服务员是最好的推销人员，同时，认识到餐饮店的消费习惯与其他消费场所不同。那么，企业就有可能在餐饮店里专门推广一个产品，像A啤酒公司的产品一样，卖得非常火。

第四章　渠道中的产品管理、促销管理

1. 新产品上市前，如何做好市场调查

新产品上市是很多企业获取利润、调整产品结构和应对竞争的重要手段。我们发现，很多企业的新产品上市强调快，没有完善的新产品上市计划，更谈不上在新产品上市前做好市场调查，结果，新产品还没上市就埋下了失败的伏笔。

某啤酒公司计划在东北某区域市场推广新产品，以下是该新产品上市方案的部分内容。

上市目的：在不超出预算的基础上增加销量，进而提高公司的边际效益。

上市区域：城区周边市场。

上市原因：城区周边市场消费水平低，认可低价位产品。公司将原来的低价位产品提价后，低价位产品就处于空白状态。

上市品牌：××8 度。

上市价格：××元。

上市包装：普通包装。

上市规格：普通规格。

上市铺货策略：每进货 50 箱发放一张奖卡，包括 5 箱、2 箱、1 箱、无奖励等几个档次。

在这个方案中，公司想当然地认为，消费者将沿用以前的产品消费方式，肯定能接受新产品，并且认为经济水平是唯一决定因素。其实，

产品已经变了，啤酒的酒精度从原来的10度变成了8度；品牌也变了，从原来的主品牌变成了副品牌，这些改变并未考虑消费者的认知情况。

国内企业市场调查中存在的问题

国内企业的新产品上市调查存在以下几个问题。

一是不成体系，没有统一的报告标准，无法综合分析情况，发现一个问题就解决一个问题，甚至“拍脑袋”做决策，根本不做市场调查。

二是企业把注意力放在观察竞争对手做什么促销活动上，这成为新产品上市的分析依据。事实上，市场调查的主导思想应该是以消费者需求为导向，而不是以竞争为导向。否则，企业容易陷入恶性竞争。这是导致很多企业新产品上市失败或者无效益的重要原因。

三是市场部与销售部脱节，没有有效协作。新产品上市的市场调查应该是市场部与销售部共同组成一个项目小组，天天在一起工作或交流工作。

新产品成功上市是提高销量的有效途径，很多业务员却害怕新产品上市，原因如下。

一是销量指标会提高。

二是新产品上市如果不成功，他们要解决很多遗留问题。

三是新产品上市不成功还有可能打击经销商的积极性，甚至影响老产品的销量。

业务员的担忧很大程度上是新产品上市前市场调查不充分，仓促上马引起的。所以，企业一定要做好新产品上市的市场调查。

如何调查消费者

企业要细分消费群体，包括人文因素、地理因素、心理特征和消费行为四个指标。企业要筛选该市场消费者的关键因素，例如，经济条件、家庭结构、利益诉求、购买频率、个性、偏好等，然后根据这些关键因素进行调查，最终了解消费者想要什么。知道消费者想要什么，我们才能给他们提供什么——这是新产品上市市场调查的一条铁律！

很多时候，市场调查是为了细分市场，而市场细分是为了满足销售业务开发的需要。选择一个有开发价值的细分市场，其前提是消费者需求的多元化——不同细分市场的消费者需要不同的产品。

首先，由市场人员设计调查问卷；其次，由市场部对业务员进行专门的调查培训；最后，由业务员在其正常的业务拜访过程中，针对自己区域市场的所有样本店进行全面的入店访问调查。这样，将消费者信息汇总起来，才能得到最真实、最全面的调查结果。

如何调查市场环境

市场环境主要包括市场容量、相关品牌的市场占有率等指标。

在市场容量调查方面，很多企业经常靠“估计”得出结果。有的企业虽然知道现在的市场总销量，但对这个市场还有多少销售空间没概念，盲目地进入市场最终会无功而返。

我在给企业做培训时，谈到市场容量，在现场做测试，结果表明，培训现场没有人对自己“估计”出的市场容量有信心！因为没有人对市场容量做过真正的调查，没有人知道这个市场到底还有多大的销量空间。

相关品牌的市场占有率是做出市场决策的基本依据，市场占有率是企业竞争力、竞争地位的集中体现。很多企业在实行深度分销或直销模式后，每周甚至每天分析企业产品的市场占有率，但并不清楚其他企业产品的市场占有率。因此，在新产品上市之前，企业需要在经销商层面和终端层面调查相关品牌的市场占有率，这是新产品上市市场调查的基本内容。

■ 如何调查竞争对手

竞争对手调查包括竞争对手的情况、市场操作情况，以及市场表现等。

调查竞争对手的情况，主要是与自己的相关调查项目匹配，这样最有利于进行对比分析，得出有针对性的策略和方法。调查竞争对手关键不在于信息多，而在于能够对比，这反映了市场分析的方法——对比法。很多时候，一线业务员对竞争对手的调查仅处于表面阶段，并不了解竞争对手采取策略的动机，或者竞争对手成功的真正原因是什么。

可口可乐公司的酷儿产品上市取得了巨大成功，原因是可口可乐公司对竞争对手做了深入的调查。可口可乐公司通过对比分析竞争对手的相关因素，明确自身产品在哪些方面存在差距、在哪些方面具有优势、哪些方面需加强和推广、哪些方面要避让；最终确定将 5 ~ 12 岁小孩作为目标消费者，避开竞争对手的年轻女性目标消费者；开展角色营销，避免与已经获得领先优势的竞争对手正面交锋，实现差异化营销；不打价格战，实施高定位、高价位策略，突显国际品牌的优势……

和竞争对手的对比调查包括渠道调查、推广与促销调查，甚至包括销售组织、内部执行、市场监控等。一线业务员是订单的缔结者，也是市场服务者、信息收集者。所以，新产品上市需要一线业务员的调查结果，配合市场部，推动新产品成功上市。

2. 新产品回转率不高怎么办

张经理所在的区域市场最近推出了一个新产品，铺了几次货后，产品回转率一直不高。公司领导来视察市场，看到产品“半死不活”，对张经理很不满，可张经理也没有什么好办法。

张经理带领导到一家餐饮店，餐饮店老板说：“你们企业的产品肯定卖不好，一是价格比竞争对手高，消费者不愿意多花钱消费你们企业的产品；二是你们企业的产品的知名度不如竞争对手高！”最后，老板差点将张经理和领导赶出来，说：“我们餐饮店不欢迎‘不叫好不叫座’的新产品！”

新产品上市后，不但要看铺货率，还要看铺货后的二次回转率，因为它真正体现了渠道经销商和消费者的接受度。产品回转率不高并不代表消费者不认可产品，也可能是消费者没有机会接触到新产品。如果产品本身没问题，企业如何提高回转率呢？

有效传播

除了市场部的广告媒体进行报道、传播外，业务部门也具有吸引消费者的传播功能。例如，在消费者的消费场所提供生动化服务、让经销商和终端老板积极推荐新产品，甚至是开展新一轮的铺货和定点爆破式的终端拓展、维护工作，让消费者接触和了解产品。

很多企业只重视电视等媒体，希望通过一个广告就让产品“天下尽知”，忽视了产品在终端有序、整齐、干净、醒目、大范围地展示工作，让产品自己具有传播力和说服力。舒蕾洗发水的终端拦截就是一个很好的例子，它让消费者时刻感受到舒蕾的存在，从国际大品牌的“眼皮底下”抢走了市场份额，创造了国内洗发水品牌战胜国际洗发水品牌的奇迹。

经营康师傅系列产品的顶新集团，曾经在新产品回转率不高的情况下暂停铺货，在每个终端做生动化陈列工作，例如，贴海报、招贴画、横幅等，让消费者看到这些与产品有关的东西后购买产品。

鼓励经销商和终端传播新产品，是一个借船出海的营销高招。可口可乐公司的冰露水上市时，在满足经销商利益的同时，鼓励经销商和终端主动向消费者推销该产品，他们甚至将其他品牌的纯净水“藏起来”。

在啤酒行业，如果产品回转率不高，很多企业就会采取封锁策略：自己企业产品回转率不高，就先把竞争对手的产品清除掉，即所谓的

“锁店”——让竞争对手的产品退场。企业如果不能引导消费者，就要从竞争对手那里下手，让消费者别无选择，这样做，也会提高产品回转率！

价格体系不合理

新产品回转率不高可能是新产品的价格体系有问题，各级渠道成员的利润空间不合理，需要企业调整价格体系。

如果终端店主或经销商的利润设计得不合理，他们就不愿意销售或主动推销企业产品。在产品差异不大的情况下，经销商和终端店主只关注利润和流通速度。新产品在流通速度方面很难占优势，如果新产品与竞争对手的产品相比，没有利润优势，企业就必须推出积极的促销政策，提高经销商和终端店主推销新产品的积极性。

北京某公园在旅游旺季时，纯净水消费量很大，即使是流动售货车的销量也很大，总共有六七十个销售点。几个纯净水企业分别推出了各自的新产品，每家企业都向该公园铺货，但是，只有一家企业的产品回转率高，其他企业铺完货后就再也没有进行第二次铺货。为什么？因为这家企业为经销商和终端店主设计了合理的利润空间。

这并不是让企业攀比投入费用，而是提醒企业要关注价格体系，很多企业的价格体系都有问题。例如，铺货政策被经销商截留，终端没有积极性；对终端的投入多了，经销商获利就少了。因此，业务员要做好市场信息反馈工作，让企业决策者能够尽快了解到这些问题并及时调整策略。

加强铺货力度

经销商和终端如果不主动推广新产品，企业就要加强铺货力度。

很多企业认为，铺货就是产品下生产线后让经销商大量进货，或者是在拓展业务的过程中，抽时间到终端做推销，后来的效果如何，就看经销商和终端自然销售的情况了。这是产品铺货的误区。

铺货不是将产品铺到经销商的仓库里，而要铺到消费者的眼前或心中。很多时候，产品如果没有铺到消费者眼前，就是无效的铺货，还要继续加强铺货力度：让经销商将产品铺到终端；让终端将产品陈列出来，让消费者了解产品；让企业的业务队伍在第一轮铺货后再进行跟踪、补货等。这些都是新产品第一次铺货时要做的重点工作，切忌对新产品不管不顾，让新产品在市场上自生自灭！

此外，还要做好经销商的沟通工作，让他们了解新产品能给他们带来的利益，以及新产品上市失败对他们的影响，尽量加强他们推广新产品的意愿。

主动反击

竞争对手不会对企业的新产品坐视不管的，它们希望一举打压企业的新产品，让新产品永远不能翻身。如果竞争对手采取对策打压新产品，企业要在战略上重视它，在战术上灵活应对，不能仓促迎战。

做好分析和研究很重要，企业不要在没有做调研的情况下就轻信竞争对手的市场造势信息，在不知道竞争对手的实际动机及实际行动的情况下就轻易地反击。企业一定要了解竞争对手的实际打压能力、打压效果、可能持续的时间。例如，竞争对手会用更多投入、更大力度的销售政策打压新产品，但有时是“雷声大，雨点小”。如果竞争对手的促销力度确实很大、势头很猛，企业就要想尽一切办法反击。

竞争对手还可能对新产品带来负面影响，例如，散布产品质量不好、档次低、偷工减料、原材料低劣、没有卖点等负面信息。不但通过业务员口头宣传，还暗中通过媒体传播，甚至故意制造一些所谓的内幕新闻，丑化新产品的形象。这时，企业除加强正面宣传外，还要在终端反击竞争对手，要让事实说话、让产品说话、让消费者口碑传播，在消费者这里设置防护墙，让其在购买产品时不受负面影响。

■ 开展市场活动

很多时候，回转率不高，是消费者对新产品的认知还没达到临界点，此时，最好开展一个有主题的品牌活动挽救局面。

所谓主题活动，就是企业找到一个推广点，并围绕消费者、渠道经销商、广告媒介、促销品等推广点，推广、宣传、推销新产品，让消费者尝试购买或彻底接受新产品。

一些外资大型企业经常采用主题活动推广新产品，例如，路演、配合超市堆头促销、终端生动化促销、经销商旅游奖励等。赞助大型体育活动，统一主题，统一印制海报，在多渠道、多场合做促销和宣传等。

如果这些活动执行到位，给消费者留下深刻的印象，产品回转率不高的问题也就解决了！

新产品回转率不高，业务部门与市场部需要高度配合，就像一个孩子的父母，都对孩子的茁壮成长负有责任。所以，多沟通、多配合、准备充分、不懈怠是解决新产品回转率不高问题的重要原则。

3. 如何做好产品生动化陈列

产品展示是产品经过各渠道中间成员的流通后，促成产品销售的最后一次机会。产品的陈列效果和终端表现决定着产品的未来——是被消费者购买，还是被其他企业的产品埋没，也就是大家经常说的："临门一脚，必须踢好。"否则，中场带球再好，活动再成功，最终还是枉费精力。

如何让自己的产品更醒目，如何在消费者眼前更多地展示自己的产品及企业形象，如何让消费者在所有的同类产品中更多地看到企业的产品、了解企业的产品，如何使自己的产品能够在众多的产品中脱颖而出，是所有企业、经销商及零售店主关心的问题，即企业产品的"销售力"。

■ 什么是产品生动化陈列

生动化陈列就是将产品有序地展现在终端场所，通过最佳陈列地点及一切可以利用的售点广告，将我们的品牌和产品生动地展现在消费者面前，使之转化为具有附加价值及魅力的产品，从而更好地传递品牌信息，使消费者对产品产生好感，实现现场购买的销售目的。

显然，产品陈列是“死”的，不一定能吸引消费者的注意力并让他们产生购买冲动，而生动化陈列让消费者被产品和企业吸引，从而购买产品。产品生动化陈列使企业的产品展示变“活”了，生动化陈列使我们的产品方便、可见、易得、优质、新鲜，使消费者方便地消费企业的产品。

产品生动化就是产品自己吆喝、自己宣传、自己向消费者“抛媚眼”，相当于企业多请了一批业务员！

产品生动化陈列的操作要点

（一）制订生动化陈列标准

产品生动化陈列标准可以确保整个市场的产品陈列风格一致，让整个终端在消费者面前成为一个非常醒目的产品销售和展示系统。同时，便于我们对终端和业务员考核，帮助业务员提高服务质量。

在可口可乐公司，我曾了解到全国各地，以至东南亚好几个国家的可口可乐产品的终端生动化陈列标准，标准都是一样的，而且能保证落实到位。这样，在消费者心目中留下规范、整齐、生动的终端展示印象。其实，这也代表了企业的形象，容易让消费者从心里接受企业，接受企业的所有产品！

由此可见，制订生动化陈列标准能引起消费者的注意，帮助企业获得更多的市场机会。

（二）陈列不仅要生动，还要系统

产品生动化陈列是系统的，不是单纯的摆放产品。

产品堆头陈列位置、产品陈列面、宣传海报和其他物品的配合都是生动化的起码要求。有的企业将生动化考核定义为“向上看、向下看、向前看、向周边看”：抬头看横幅、吊旗或灯箱等，向下看堆头、箱套包装等，向前看产品的实际陈列情况，向周边看竞争对手及其他产品的陈列情况，以及海报、POP等。

（三）互动陈列与市场活动的重要性

生动化陈列不但讲究产品终端陈列的系统性，而且还要在互动性和市场活动上大做文章，深化生动化陈列。生动化陈列不等同于陈列，生动化陈列非常灵活，而陈列是呆板的。很多企业已经将生动化与互动的促销活动、产品广告、推广行为结合到一起，甚至在运输车辆、人员服装、名片等方面做文章！

某啤酒公司近期准备在市区做生动化陈列，在某些重要的终端酒店做活动：在酒店门前做产品堆头、摆放易拉宝；在报纸上做广告；举办互动的游戏与抽奖活动，并用电视、录像宣传。

（四）抢夺生动化陈列位置

生动化陈列其实也是一个重要的竞争过程，因为终端陈列面积及陈列规模非常有限，在终端进行生动化陈列的企业却不断增多。所以，经销商除了努力按照公司标准做好终端生动化陈列之外，还必须在有限的空间内抢夺生动化陈列位置。

例如，在货架陈列面积小的情况下，做堆箱陈列；在 POP 张贴受限制的情况下，悬挂横幅或吊旗；用自做货架扩大陈列空间；固定自己的陈列位置和区域；与竞争对手协商，在不同时期扩大不同企业的生动化陈列区间……总之，要最大限度地确保或扩张自己在终端的重要位置！

做好产品生动化陈列需要企业相关人员深入终端，做现场调研，不断摸索和总结经验，从而不断提高产品生动化陈列水平。

4. 案例：冰露水上市的渠道运作

在大多数人眼中，可口可乐公司是一家擅长品牌运作的公司，经常通过品牌运作创造销售奇迹，但冰露水在北京市场上市时，突破了这一惯例。

冰露水在北京市场上市，没有投入一分钱的市场费用，在实际执行中，也没花一分钱培植品牌，完全依靠渠道运作。在 2001 年 12 月底上市的冰露水，冲破了几大竞争品牌巨头的市场封锁，迅速提高销量。冰露水的上市使瓶装纯净水市场整体价格至少下降了 3 元/箱，几大竞争品牌巨头不得不重新推出低价的新产品以维护市场稳定。

这是北京可口可乐公司第一次利用业务部门操作新品牌的上市和销售，并且取得了销售奇迹——冰露水的实际销售是原计划销量的三倍。

在北京可口可乐公司成熟的 22 条渠道中，业务部门扬长避短，发挥渠道运作的优势，确定冰露水上市的主渠道并舍弃其他渠道，这的确需要魄力。

■ 上市前的市场环境

北京市的瓶装纯净水市场一直由几大品牌主宰，这几大品牌的企业都是专业瓶装水制造商，有多年的市场操作经验，而此时的可口可乐公司在中国只有“天与地”矿物质水一个品牌。

从表4－1可以看出，某些竞争产品的市场覆盖率已达到垄断程度，市场占有率遥遥领先。这表明，冰露水上市的最大劣势是流通渠道基础薄弱。如果依靠可口可乐公司其他成功品牌的优势进行搭售或硬性派任务给经销商，极有可能因投入周期过长而错过销售旺季。在强大的竞争对手面前，冰露水几乎是“零势品牌”，如果依靠短期内狙击其他竞争产品成熟的流通渠道获得市场份额，可能会招来竞争对手疯狂的打击和封锁。

表4－1　竞争产品的市场覆盖率和市场占有率

竞争产品	市场覆盖率	市场占有率
A	>90%	>55%
B	>75%	>25%
C	>60%	>10%

表4－2是竞争对手状况表，它能告诉企业很多信息。

表4－2　竞争对手状况表

竞争产品	产品容量	产品包装色	价格	渠道	促销
A	<600ml	红	>20元/箱	批发流通渠道	低值渠道促销
B	<600ml	蓝	>20元/箱	批发流通渠道	低值渠道促销
C	<600ml	——	>20元/箱	批发流通渠道	低值渠道促销

（1）瓶装水是市民消费品，大容量产品受大众欢迎，而竞争产品均是低于600ml的产品，采用可口可乐公司经常运用的大包装产品操作方式，应该有机会获得消费者的青睐。

（2）零售终端陈列在可口可乐公司的销售策略中一直占据重要地位，产品外包装主体颜色既与对手的产品相似又有所区别。

（3）我们考虑的渠道价格问题主要是每级渠道成员获得的利润（价差），这有利于提高各级渠道成员的积极性。同时，我们希望产品渠道流通价格能比对手稍微低一点，以便使消费者感到物超所值。

（4）竞争对手在瓶装水市场上多年的流通渠道运作经验和资源，是冰露水上市的巨大障碍，但可口可乐公司的渠道系统也有独到之处，通过业务系统而非市场系统推广该品牌。

（5）可口可乐公司从不利用促销活动变相降价，这种优势一定要在冰露水上市时发挥出来。

可口可乐公司推出的任何一个品牌，绝不会以“当年站稳脚跟，明年或后年取得一定成绩”为目标，每个新产品的计划书必须标明：“实现同类产品市场占有率排行榜第×位（×是指前三位）的目的”。

■破题：渠道“斩径”上市

冰露水既不能全部直销，又不能与竞争对手强大稳固的流通渠道抗争，还要充分发挥自身的优势……最后，可口可乐公司确定了“斩径”的渠道运用思路——改变以前全渠道上市的方式，聚焦一个渠道，如表4－3所示。

表 4－3　冰露水的市场信息

产品	产品容量	产品包装色	价格	渠道	促销
冰露	600ml	绿	<20 元/箱	先铺货，零售点牵引渠道进货销售	灵活促销
采取原因	低值产品，如增加容量，物超所值	陈列位置上的绿、红、蓝产品，容易让人产生联想	战斗品牌价格必须具有挑战性，体现竞争优势	缩减渠道流通层级，能提高各级成员获得的利润，有益于消费者	不让促销变成降价，保护品牌，促进销售

渠道具体操作方式包括：缩短冰露水在市场上的流通路径，尽可能实现一级渠道流通，并且保证控制该级渠道，业务员完全掌握产品的流向；除年底返利外，基本实现产品从企业到零售终端平进平出；没有市场投入费用，所有的销售推力和拉力均汇集到零售终端…… 如表 4－4 所示。

表 4－4　可口可乐公司的应对策略

A、B、C 产品	运用方式	弱点	可口可乐公司应对策略
渠道结构	总经销—各级分销商—二级批发商—零售商—消费者等较完整的渠道结构	渠道结构太长，各级成员利润低。“有钱大家分”等于“大家都没钱赚”	单纯的零售商—消费者结构。达到“有钱一个人赚”的目的
渠道成员及管理	在真正的管理体系里，只有几个总经销商，销售政策及管理只到几个总经销商处，没有更深入的管理	基础不稳，渠道上游强、下游弱，控制力差	不从总经销商等上游下手，攻其渠道下游，控制每个重点零售商的操作过程即可
渠道销售策略	给总经销商优惠，由其控制下游渠道政策	总经销商互相比拼、互相砸价，分销商及二级批发商到处“找”便宜货，流通网络混乱无序	从给大经销商政策由其推动，转变为通过消费者和零售商拉动吸引大经销商

所以，在渠道甄选及运用上，可口可乐公司最终选择单渠道运作，并杜绝“泡大户”，进行精细化的、尽量缩短与终端接触的渠道运作方式，如表4－5所示。

表4－5　可口可乐公司打击竞争对手的应对策略

A、B、C公司	弱点	可口可乐公司应对策略
全渠道运作，批发、直销渠道成员齐上阵，谁能进货就给谁； “泡大户”，压大户库存，贸易式销售	没有渠道重点，没有强有力的控制手段 大户要更多条件，价格逐渐降低	先进入单渠道，市场做好了再做其他渠道 不“泡大户”，而是进行零售商—消费者一对一式销售

北京某大型企业的纯净水D品牌，曾号称北京第一品牌，沉寂几年后想东山再起、卷土重来。该企业下定决心，一定要将曾经失去的市场夺回来。它采取了对超市渠道、批发渠道、零售渠道全面出击，大投入、不计成本式的销售方式。但可口可乐公司抓住了它的渠道软肋，如表4－6所示。

表4－6　可口可乐公司对D品牌渠道的应对策略

D产品渠道	渠道策略	弱点	可口可乐公司应对策略
超市渠道	选取十大超市所有门店，进行产品堆头；同时开展“十赠三”活动	超市直接将折扣变成降价；超市堆头需要大量电视广告和生动化用品支持	先放弃，冰露水已经被卖火的时候再在超市推出
批发渠道	进货达一百箱并在批发市场门店做产品堆头，折扣“十赠四”	大批发商不会主动推广新品牌；对高利润低销量产品他们一般稳着卖，卖不掉的临期产品再找厂家要条件处理	先放弃，等批发商被下线客户要货的时候再铺货
零售渠道	货架摆五瓶赠一瓶	好方式，但执行不到位，反而使终端老板怨声载道	先用销售利润（价差）吸引他们销售，然后做摆赠

■执行：丝丝入扣

在可口可乐公司，产品销售不只是销售部的工作，还是全公司所有员工应尽的义务。通过业务部和市场部全体人员的努力，冰露水几乎在一夜之间遍布北京的零售终端！

（一）选择渠道和经销商

根据“斩径”这种清晰的渠道选择方针和对竞争对手渠道状况做深入的分析，可口可乐公司找到了最合适自己的、与消费者距离最近的上市渠道——101 渠道，如表 4－7 所示。零售终端成为承担销售产品和市场表现双重功能的载体，零售终端老板也在无形之中成为冰露水的铁杆推销员。

表 4－7　可口可乐公司选择 101 渠道

类别	运输	服务	利润	掌控	布局
条件	1. 靠近售点 2. 有小批量运输能力 3. 市区运输方便，没有交通限制 4. 公司已提供送货工具	1. 送货快捷 2. 与售点有良好的客情关系	1. 按进货价出货，不扰乱市场价格体系 2. 缩短渠道层级，一级渠道便可到终端售点	1. 业代服务，能被掌控 2. 出货途径明确	1. 区域布局合理 2. 能迅速覆盖目标市场
最符合条件成员	合作伙伴	合作伙伴	合作伙伴	合作伙伴	合作伙伴
结论	101 合作伙伴				

其实，在产品下生产线时，可口可乐公司已经将部分产品铺到敢于第一个吃螃蟹的101渠道客户的仓库里，这说明101渠道合作伙伴有合作意识，他们看到了自己的优势。

（二）开发终端可利用资源

由于渠道成员中只有零售终端老板能赚取一定的利润，而101渠道合作伙伴的产品平进平出，只赚取配送费用，所以，冰露水在流通到零售终端之前，没有产生任何渠道利润“损耗”。零售终端老板通过计算发现，销售冰露水比销售竞争对手的产品划算得多，这样，零售终端老板无形中又成了公司的业务员，主动为可口可乐公司推销冰露水。他们将冰露水摆在最显眼的位置上，有的零售终端老板甚至只陈列冰露水一种产品，他们用所有的冰柜冰冻冰露水，并向消费者极力推荐冰露水，这是冰露水能够迅速旺销的原因。

（三）渠道促销，激活所有渠道

由于没有品牌推广费用，产品在最初进入市场时，除了“可口可乐公司荣誉出品”几个略显醒目的字外，渠道成员并不能真正感知到冰露水给他们带来的利益。在没有真正进入下线零售终端之前，渠道成员无法计算利润，特别是101渠道合作伙伴，在产品销售进入正常销售阶段，在价格上只能平进平出，不能从价差上获利，吸引他们进货的因素只能是渠道促销手段。为此，可口可乐公司在适当的时候推出了以下几项渠道促销如表4-8所示。在具体运作时，充分考虑了时间差因素，不但使货物不在渠道滞销，还刺激了其他渠道成员进货的积极性。

表 4－8　可口可乐公司的渠道促销策略

时段	开始将货铺给合作伙伴时	大批发商想进货时	货源充足并旺销时
对象	合作伙伴	大批发商	其他渠道的客户
促销力度	买 X 箱赠 1 箱等	买 2X 箱赠 1 箱等	特殊价格申请

5. 促销创新的原点

促销创新似乎将营销人员推到“要鬼点子”的道路上，似乎有好点子才能举办更好的促销活动。然而，促销创新不仅是出好点子，还是加深促销活动与产品、价格、渠道和消费者的沟通。促销创新远远不是灵光乍现的好点子，而是一个系统工程。

■ 深度开发产品内涵

促销虽然无处不在，但针对各自产品特性的促销活动很少，深度开发产品的内涵成了促销创新不可或缺的重要步骤。

翻开一些大超市的 DM（直邮广告），写满了“买××赠××”“促销价”“优惠价”，这说明很多促销活动实质上是直接降价或变相降价，这是促销未能与产品建立联系的表现。

可口可乐公司的酷儿产品在北京上市时，由于产品定位是带有神秘配方的 5～12 岁小孩喝的果汁，价格定位也比果汁饮料市场领导品牌高出 20%。在竞争激烈、新产品层出不穷的市场环境下，首次铺货后，产品周转速度慢，很多业务系统员工强烈要求将产品降价促销，与市场果汁饮料领导品牌抗衡。

市场部经过研究，顶住了强大的销售压力，走出了促销创新的新路子。既然酷儿产品上市采用“角色营销”的方式，在促销方面就采用“角色促销”——酷儿玩偶进课堂，派送酷儿饮料和文具盒；买酷儿饮料赠送酷儿玩偶；在麦当劳吃儿童乐园餐送酷儿饮料和礼品；开展酷儿幸运树抽奖活动；开展酷儿脸谱收集活动；举办酷儿路演等。

在这里，其他的果汁产品能采用同样的促销方式吗？答案是否定的。许多企业做促销活动，根本不考虑自己的产品是什么、有什么特点，只是变相地在价格上做文章。如果有针对性地找到产品的特性，就不会陷入促销的常规惯性思维，而是大胆地开展促销创新活动。

■ 渠道成员联动

促销创新必须考虑到渠道各级成员是一条价值链，成员之间是相互联动的。

这里不得不提到啤酒行业的“促销毒药”——瓶盖有奖促销。它考虑了促销的几个重要因素：时效性、消费者促销与渠道促销、隐蔽性，抓住了消费者“赌博”的博彩心理。

从消费者角度说，通过设计合理中奖率，吸引消费者，让消费者真正得到实惠并且有被企业关注的感觉。

从企业角度说，通过不断调整中奖率适应消费者不断变化的消费行为，使投入效果、促销效果最大化。

从流通渠道角度说，流通渠道成员有刮卡进货的奖励，但刮卡的奖励数量是未知的，奖励有大有小，这对渠道成员产生很强的刺激感。流通渠道成员可通过对促销活动的管理和服务（例如，收集瓶盖或者监控促销产品流向等）获得相应的服务奖励，充分调动了流通渠道成员的积极性。

从小卖部或餐饮店等终端商角度说，瓶盖有奖能让消费者在该终端消费更多的产品，产生更多的效益，有的餐饮店还将瓶盖费用当作服务员的福利或工资，降低了业主的经营成本。

这条价值链上的所有成员都能通过瓶盖获得厂家促销活动带来的价值，而企业通过瓶盖提高了从中间商、终端商到消费者所有层级的渠道成员的进货量或消费量。

有的企业管理者要求执行人员拿回“铁证”——中奖的瓶盖，它比发票、收据、回执、收条等更能让管理者信服！产品只有被消费者消费了，促销活动才算完成，这是任何促销活动追求的理想效果。

促销创新与渠道价值链关系密切。很多企业做促销只抓住了渠道的一个点，无法将促销活动有效传达并且提高促销效果。其他层级渠道有可能出现促销负效应——不支持或者抵制促销活动。

所以，企业在开展促销创新时，要想想能否通过渠道价值链的联动取得最佳的促销活动效果。促销创新要找到能让渠道价值链价值最大化的方法，不能只考虑一个“点”，而要考虑一条完整的“链”。

■ 小心维护价格

很多企业把价格当作战无不胜的促销工具，但大家都知道这是一把“双刃剑”——刺伤了别人，自己也不会好过。

某企业进入一个垄断市场，在强大的竞争对手采取低价促销的情况下，销量和利润受到极大影响，该企业决定孤注一掷——保证利润。

于是，该区域市场的销售经理大胆地提高产品价格，同时，开展渠道促销活动（每箱产品提价2元，给中间商更多的返利），结果，不但打击了竞争对手，而且该产品的市场占有率从原来的10%提高到20%。

虽然当地居民的消费水平较高，消费者对涨价不太敏感，但该企业的品牌影响力大了，消费者对该产品产生了越来越多的隐性需求，该企业也在维护消费者方面做了一些工作……这种破天荒式的涨价促销方法值得中小企业学习，因为很多企业即使有涨价的市场机会，也不敢涨价。

企业做促销活动时，尽量不采取降价促销的方式是为了产品能长久发展和实现销售、品牌“双丰收”。现在做促销而不降价的企业太少了，促销创新如果不解决这个问题，再新颖的促销活动及形式都没有意义。

如果促销活动一定要与价格有关，企业只能进行短期促销，这是价格促销创新的基本原则！促销创新与价格联系到一起，如同杠杆，微调是可取的，如果价格长期倾斜，杠杆就会失去平衡，这对产品来说，是致命的打击。

■消费多元化

企业的产品很少能面向所有人群，每家企业都有自己的特定目标消费群体，但很多企业开展促销活动时都想一网打尽所有的消费者，这给促销创新带来极大的困难。事实上，**不同的消费者的消费习惯不同、消费行为不同，这使促销活动永远有创新的空间。**

在啤酒行业，很多企业为结婚新人制定婚庆酒宴促销套餐；在白酒行业，很多企业针对毕业学子、企业员工升职等制定不同的促销方案，准备不同的促销礼品。有的企业针对不同的节日消费人群开展不同的促销活动，例如，圣诞节滑雪活动、国庆节赠送旅游门票、中秋节实施家庭套装优惠、情人节买产品赠玫瑰花等。有的企业根据不同场所对消费者采取不同的促销手段，例如，啤酒行业，假如消费者在餐馆消费就赠送精美的小礼品活跃气氛；在夜店、酒吧消费就实施“买××赠××”的政策，让消费者越喝越多；假如在小卖部消费就通过现场刮奖的方式让消费者得到实惠。

6. 如何应对竞争对手促销

统一企业面对竞争对手的促销政策，推出一系列新产品，例如，来一桶桶面、统一100大面饼方便面、麦香茶系列产品等，干扰消费者的视线，搅乱竞争对手的促销活动。蓝带啤酒由于当时外资啤酒品牌的稀缺，反而在竞争对手降价时与经销商协商涨价，让消费者凭自己对品牌的强烈认知反击竞争对手……

这些只是个案，具有特殊性，并不是每家企业都能采用的。竞争对手做促销，我们应该早有心理准备，要坦然地接受这个事实，寻找应对措施。与竞争对手相比，我们的促销应该富含“动销”的意义，而不是盲目地跟进。竞争对手做促销，我们不是不做，而是要研究竞争对手的促销政策，从而找到有效的应对方法。

这些方法可以总结为：先做好促销定位，通过更多的利益、更快的行动、更强的执行力吸引消费者，打一场痛快的促销战！

■ 促销定位

企业要想后发制人就要找到竞争对手的软肋。这里的促销定位是指，结合自身优势找到市场真正需要的促销方式和促销政策。

很多企业喜欢在超市里做促销活动，招聘很多促销员、导购员，制造大量的生动化用品，花很多钱做漂亮的堆头，有时还实施“买××赠一”或者价格折让政策。但企业操作时只有一个焦点，竞争对手在超市做促销的时候，可能会减弱街头零售店的促销力度或者根本不考虑进入街头零售店，此时，企业就可以在竞争对手薄弱的地方下功夫。

■ 更多的利益

这是企业常用的招数，因为产品本身就是价值的体现，企业要做促销，就要在认可产品价值的基础上，短时间内让渠道成员、让消费者感受价值。

在具体操作过程中，并非是“以其人之道，还治其人之身”，竞争对手“买十赠一”，企业就毫不犹豫地采取“买八赠一”的策略。为避免恶性的价格竞争，我建议企业考虑促销定位，采取差异化促销方式。例如，竞争对手在渠道成员上下功夫，用买赠、折扣、高返利、补贴吸引渠道经销商，企业就可以在终端上做更大力度的一对一促销活动，如“冷冻化+陈列+单品奖励+累计奖励”等。

这就是渠道链的思维，只要在总体上让产品增值就是好的促销政策，也能避免价格战。

■ 更快的行动

某企业正在秘密讨论某节日期间在车站做方便面促销，准备三天后行动，结果这个促销信息被竞争对手截获。竞争对手第二天就开展了类似的促销活动，结果大获全胜，让该企业的促销计划“胎死腹中”，损失惨重。这是一场漂亮的抢时促销战。

当促销产品已经占据了渠道经销商的仓库，消费者也享用了该促销品后，他们已经对该促销政策没兴趣了。当年，饮料市场的“再来一瓶”促销政策红极一时，各企业争相模仿，但真正得利的只有最早实施该促销政策的企业。

更快的行动必须建立在理性分析的基础上。我走访市场，见到很多行业的竞争已经市场化了，企业做促销，竞争对手第二天就能推出自己的促销政策。这种“快”是赌气、赌市场、赌企业命运，完全不是做促销，企业不但不是促销的受益者，反而是促销的受害者。

■ 更强的执行力

竞争对手采取促销政策，企业应该明确促销定位，用更多的利益和更快的行动应对竞争对手。此外，还有一个容易被企业忽略的要点，那就是执行力。

很多企业主要靠经销商做促销活动，因为经销商是一个独立的经营实体，容易从仅对自己有益的角度出发实施促销政策。所以，企业应该对促销起主导作用。

实施计划就是“5%的计划+95%的执行”。很多企业促销失败的一个重要原因就是促销政策执行不彻底：促销资源被截留，促销用品没有用到该用的地方，促销没有深入到需要做促销的地方或层级……

有时，企业领导以为业务员正在如火如荼地开展促销活动，但事先花重金印制的促销海报可能一张也没贴出去；本应当天就要通知所有经销商、终端的信息，却拖了半个月；本应一周内将促销合同、促销堆头签下来，但促销期都快过去了，还没签下来，还以有困难为借口……

竞争对手做促销，企业如何应对？这是一个永恒的话题，我们用“更多、更快、更强”的精神激励企业，希望企业将自己的看家本领拿出来。

第五章 深度分销模式的要点与方法

1. 什么是深度分销模式

近年来，深度分销模式大行其道，许多企业争先恐后地推行深度分销模式。但是，我在为企业提供咨询和多次走访市场的过程中发现，大家对深度分销模式存在误解，甚至在推行该模式的基点上存在重大偏差。

“我认为，深度分销模式就是做终端，做更细致的终端工作，要特别关注终端拜访和服务。”

“我的看法与你的看法不同，我认为深度分销模式就是将市场分条块管理，这样，有利于二级批发商的送货和区域管理。”

“多招几十个人，成立一支终端拜访队伍，做终端服务工作。”

“我看过可口可乐公司等大公司推行深度分销模式，就是终端业务员要做好‘拜访八步骤’，将工作固化，但他们不对销售结果负责，没有销量指标，纯粹是一个市场服务人员。”

询问十个人，就有十种对深度分销模式的看法，在操作中，就可能有十种不同的操作方法。

什么深度分销模式？**深度分销模式是一种新型的营销模式，不只针对市场，还针对内部管理，深度分销模式是内外兼修的营销模式，是企业重要的营销战略之一。**

■ 内外兼修的营销模式

企业的营销成功归根到底只能靠业务员能力的提升和企业内部管理能力的提升，深度分销模式之所以能创造销售奇迹，归根到底也是这个原因。

负责企业销售工作的人不只是企业内部的业务员和管理人员，还包括各级渠道成员。深度分销模式的精髓是将企业原来的一支简单的经销商联络队伍（业务代表），经过专业化补充、专业化分工、专业化培训，打造成为一支专业的分销队伍和专业的终端队伍，并将经销商打造成一支专业的中间商队伍。

如果把注意力只放在深度分销的外部形式上，不仅不会提升销量，还会起反作用。例如，企业成立了许多类似于工作站的分支机构，实际上，它们的效率并不高；为了提高效率，划分了终端业务和分销业务，但是两个部门“老死不相往来”，相互扯皮；终端业务员做了很多工作，但没有一个能真正能考核他们工作的指标；管理表格和会议走形式……原因是企业只注意到深度分销模式的外部形式，忽视了提高深度分销模式的内部管理水平！

■ 分销队伍的转型

在实施深度分销模式之前，业务员面对的是只做大批发、大流通的经销商，业务员的核心任务就是分销。在实施深度分销模式后，由原来的一支队伍做市场转变为由分销部门和终端服务部门两支队伍协作完成销售任务。业务结构变了，原来的分销队伍必须转型。

业务员需要从原来的“联络员”“收款员”“政策传达员”“商务代表”“企业全权代表”等角色，调整成为“经销商服务人员”“市场维护人员”“经销商助手”“市场规划人员”“经销商合作代表”等。

在具体工作上，他们应该关注经销商的“进销存”（内部运作）和经销商对竞争的参与度，经销商的小区域管理、配送协调、与终端队伍的协调等。他们不只是与经销商进行沟通，还要将自己的触角完全渗透到二级批发商和三级批发商，将中间层级链条的管理重心下沉。

■ 经销商的转型

深度分销模式下的经销商队伍需要切割和重新组合。企业实施深度分销模式后，经销商虽然知道自己也需要做出改变，但不知道如何改变。

原来的经销商都是“大而全”的经销商，什么都做。例如，区域规划及管理、价格政策的实施及自行调整、市场开拓、融资、促销政策的制定及实施、渠道规划及管理等。在深度分销模式时代，经销商发现“大而全”并不是企业想要的。

深度分销模式要求企业更多地参与管理市场工作，企业与经销商共同运作市场。经销商不再是单打独斗的将军，而是和企业共同运作市场的伙伴。经销商要放弃自己不能做的或做不好的工作，充分发挥自己的优势，和企业共同运作市场。

很多经销商认为，企业想让自己做配送商。其实，这是对企业的误解，企业如果真这样做也会误入歧途！作为中间商也好，作为企业的合作伙伴也罢，经销商的现有能力和优势都是值得充分利用的，企业没必要自己包揽所有工作，如流通、配送、区域管理、融资、开拓等。

深度分销并不是让企业包揽所有工作，而是经销商与企业能力互补，发挥各自优势，提高市场运作能力。

总之，深度分销模式的最终目的是通过内外三支队伍——内部的分销队伍和终端队伍、外部的经销商队伍，不断提高综合能力，不断提高市场竞争的核心能力，实现可持续发展的目标。

2. 深度分销中的终端管理

■ 终端拜访的步骤

李经理是某饮料企业执行深度分销项目的经理，经历了传统的大批发、大流通式的分销模式转型。李经理非常熟悉传统的分销业务，如订货、收款、区域开发和维护等，但是对深度分销的终端管理，他还没有思路。

很多企业都听说过“拜访八步骤”，这是终端拜访方法的浓缩，是对一些著名的国际快消品企业多年运作渠道经验的总结。参考流水线管理的思路，使销售拜访规范化、流程化和标准化，操作过程易于理解和记忆，拜访语言亲切、通俗易懂，拜访过程规范、有序。此外，提供业务指引手册，将客户可能提出的异议，回答的关键点都一一列出来，使业务员对这些问题的解答切中要点、从容应答，有效地提升业务员的能力。

“拜访八步骤”的具体内容包括**准备、打招呼、店情察看、产品生动化陈列、拟订单、销售陈述、回顾与总结、行政工作**，很多企业将店情察发展成“向上看挂旗、向前看陈列，向下看堆头”。有的企业省略了店情察看或产品生动化陈列，或者最后才做产品生动化陈列工作，这是未能完全掌握“拜访八步骤”精髓的表现。

很多国内企业按照“拜访八步骤”的框架，结合本企业的特点进行组合或创新，这是值得鼓励的。但企业不能忽略“拜访八步骤”的本质——执行力。

■ 终端拜访的内容

李经理管辖八个区域市场，一次，他到市场一线督导各个区域市场。第一个区域市场的终端业务员只做售后服务，只询问：“老板，经销商送货及时吗，产品质量有没有问题?”第二个区域市场的业务员只知道填报表，填完表格就算完成任务了。第三个区域市场的业务员和各个终端的关系非常好，他们坐下来就知道聊天，聊完就和终端老板一起吃饭，吃完饭就去下一家终端聊天……

终端拜访工作有哪些？终端业务员非常困惑。同一企业不同的市场，终端业务员的工作内容差别非常大，因为拜访工作的具体内容都是按照当地主管的理解推进的，企业总部根本没有统一的标准。

某企业在做深度分销培训时，对深度分销终端业务员的要求比分销业务员及主管的要求还高，例如，政策执行能力、价格执行能力、生动化陈列执行能力、解决问题能力、销售能力、沟通能力、谈判技巧等，多达20项！这是不切合实际的。

很多企业的管理者说："终端业务员的主要工作就是服务，服务好了，销量自然就上去了。"听起来没错，但是终端服务也必须以目标管理为前提，如果不能有效地提高销量，任由业务员在终端"服务"，这种不能量化考核的工作最终会变成无效的"磨洋工"。

根据实践经验，我们将终端业务员拜访工作归纳为以下七个方面的内容：**终端线路拜访、信息收集管理、售后服务、客情沟通、生动化陈列、问题反馈及处理执行、订单式销售。**

很多企业的深度分销做得不成功，或者说同实施深度分销模式之前没区别，主要是因为企业不清楚终端业务员的工作内容，或者是虽然清楚终端业务员的工作内容但执行不到位。

■ 终端业务员的管理

有的企业的管理者认为，报表越多，业务员做的工作就越多，这是错误的想法。如果业务员一天要花一两个小时的时间填各类报表，他们真正的工作——线路拜访就会打折扣。我发现有的企业使用的表格多达几十种，业务员不堪重负，最终不得不随变填写数据交差。

只要求业务员收集终端的重点信息，使业务员将更多的精力放在与客户有效沟通和有效服务上，这才是我们对深度分销队伍管理的基本原则。我们通常用三张表来概括业务员的工作，即**走访日报表、市场动态表和销售（情况）表**。这三张表中各有侧重、相互补充，帮助企业全面了解市场情况和终端业务员的工作情况。

■终端业务员的考核

企业只需不折不扣地执行三个可量化的指标即可，**覆盖率、占有率、销量（或者订单数）**，其他的指标可作为支持指标或非重要指标辅助考核。当然，企业可根据需要添加一个关键指标，突显这个阶段某一临时目标的重要性。

深度分销模式颠覆了原来的分销模式，对原来的分销队伍进行转型的同时，还组建了一支终端拜访队伍，这两方面如何契合与沟通，也是深度分销队伍建设的重要工作内容，是体现深度分销模式执行力的关键要素。

3. 案例：深度分销模式下的新产品上市

刘总原来所在的公司一直销售低价位的本地品牌啤酒，在该公司被华润啤酒集团收购后，刘总作为华润啤酒集团的区域营销总监，重点推广中、高价位的全国性品牌啤酒，但该品牌的推广工作一直不顺利，一直没找到快速推广产品的捷径。

刘总是位富有激情、敢想敢干的区域营销总监，他正在大力推进深度分销的渠道运作变革。经过三个月的努力，他的市场拓展队伍已能完全掌控区域市场内近两万个零售终端和餐饮店的销售管理；建立了终端业务拜访系统；深度分销试点工作取得阶段性成功。

深度分销队伍的建立使刘总拥有了一张王牌，但如何找到产品与渠道运作的契合点，让这张王牌发挥最大作用，刘总始终不得要领。

在一次聚会上，一位资深同行讲述了他自己利用单一渠道成功上市新产品的经验："如果你对某个渠道有完全控制权，如果你完全了解新产品上市后的流向，如果你能随时了解到产品在市场上的真实的销售信息……那么，利用单一渠道使新产品上市就有可能成功。"

刘总豁然开朗，餐饮渠道是自己的软肋，销售成绩不理想，但自己的销售队伍通过每天的固定路线拜访，完全掌握了餐饮渠道的销售状况；餐饮渠道对啤酒行业来说，是一个完全独立的销售渠道，属于现场消费，产品不易流通，相对容易把握产品流向；竞争对手对餐饮渠道的销售政策都是每箱几元钱的利润，没有更多的管理和渗透。刘总如何在该渠道重点推出中、高端的啤酒新产品，在渠道和产品上取得"双丰收"呢？

■ 消费者调研

公司领导认为，有必要增加新产品，并同意刘总自主制定新产品上市的具体计划。刘总没有找调查公司，他利用深度分销队伍进行了一次全面的市场调查。

刘总负责的 X 市市场分为六个区域市场，每个区域市场都有 400 多个中小型餐饮店（啤酒企业一般将其定义为 C、D 级店）经营中、低档啤酒，整个市场有 2600 多家餐饮店。在销售旺季，每家餐饮店平均日销量为五箱，如果新产品上市，这是一个每天消费 10000 多箱啤酒的巨大市场！新产品如果上市成功，会为公司开辟另一个销售增长点。

随着消费者消费水平的提高，X 市餐饮店的啤酒销量呈逐年增长趋势，近几年的增长速度接近 20%。经过调查发现，中小型餐饮店生意反而比大型餐饮店火，甚至相邻城市的居民都开车到 X 市就餐消费。因此，X 市的中小型餐饮店啤酒销售潜力非常大。

X 市居民习惯在社区消费，习惯在家和工作单位附近消费，而 X 市由于城市规划的原因，社区分布均衡，中小型餐饮店分布也很均衡。X 市属于滨海城市，居民的消费观念比较超前，不受地域拘束，即使是新品牌、新产品，只要产品品质有保证，X 市居民就愿意尝试购买。

目前，中小型餐饮店的啤酒主要以 30 元/箱的低价位产品为主，零售价基本是 2 元/瓶，没有中、高档啤酒品牌。几家竞争企业的品牌没有价格区隔，本来啤酒品牌的差异性就不大，很容易被竞争对手彻底“翻盘”。因此，提高零售价，占领该类餐饮店的中、高档啤酒市场完全有可能成功。

■ 竞争对手调研

几个竞争对手都是非常强势的大品牌，但一直沿用大流通、大批发的销售模式。它们进入市场时间早，利用消费者对品牌已有的认知，除了提供价格支持，不需要专门团队和其他支持也能取得较高销量，因此，企业很少考虑餐饮店的发展。它们认为，只要消费者认可了产品，餐饮店就必须卖，没必要精耕细作这个市场。竞争对手强硬而粗放的管理作风，对刘总来说，这是新产品上市的好机会。

同时，餐饮店迫于市场竞争的压力，越来越倾向于把企业对自己的促销政策转移给消费者，宁愿让利给消费者，也要拉拢消费者，稳定和扩大客源，以便与其他餐饮店抗衡。因此，餐饮店的啤酒销售利润越来越少。

由于几大竞争企业在品牌、价格和促销上的操作手法相似，消费者认为，这几家企业的产品几乎没有差别，消费者喜欢什么，餐饮店就卖什么，企业对产品销售的控制力弱，随时可能被竞争对手挤出这个没有差异性的消费渠道。

自己的优势

对餐饮店100%的控制是华润啤酒公司在该渠道的最大优势，通过深度分销队伍，公司已将该渠道牢牢地掌握在自己的手中，餐饮店的基本状况和销售状况都被存入终端客户资料中，可以随时查看；在固定时间均有固定的深度分销业务代表进行业务拜访、生动化陈列服务和售后服务。公司了解每个店的信息，而且信息传递快速、准确。客户关系由于业务代表的辛勤拜访而变得融洽了，餐饮店非常愿意与公司合作。

在“雪花”品牌逐渐强势的情况下，在该渠道抢占一个中、高档消费定位空档，既能满足消费者的需求，又能促进品牌的成长。该企业一直销售本地品牌，有良好的口碑，消费者很期待其新的全国性品牌——“雪花”。

“知己知彼，百战不殆。”刘总对自己的优势逐渐有了清晰的认识，深度分销模式的渠道优势加上成长品牌下的新产品上市冲击，以及对消费者心理的把握，三大优势肯定能产生良好的效果。

执行中的两个重点环节

深度分销队伍的执行力是新产品在餐饮渠道成功上市的重要环节。

在没有广告、促销，价格也没有优势的情况下，企业必须高度体现深度分销模式的价值：深度分销队伍和良好的客情关系，将新产品铺到餐饮店的柜台上，产生比传统经销商铺货“多、快、好、省”的效果；做好餐饮店的生动化陈列工作，大量张贴海报和新产品信息，及时反馈餐饮店的各类信息。

提高餐饮店的销售利润率，每箱产品进价比竞争对手产品高 4 元，但每箱产品利润由于零售价的提高（从每瓶 2 元提高到每瓶 3 元），使餐饮店每箱产品获得比竞争对手高 8 元的利润，提高了餐饮店的销售积极性。我们平时过多地关注产品价格，忽略了各渠道层级的价格差，这是经销商选择产品的重要因素。

■ 重视产品和深度分销队伍

（一）产品方面

1. 设计独立包装，进行产品区隔

要让产品与渠道紧密结合，要先考虑为渠道设计产品包装。产品以新形象进入餐饮店：一是能提高产品附加值；二是能进行产品区隔，为差异定价打下基础；三是能为深度分销业务拜访队伍提供推广卖点。除了“雪花”啤酒在消费者心目中的新鲜、爽口的印象外，专供新产品还能给餐饮店带来全新的视觉冲击力和消费感染力。

2. 设计独立的产品销售价格

餐饮店的进货价高于竞争对手，便于树立高档产品的品牌形象，为渠道设计独立的产品销售价格，如果该新产品上市不成功，也为以后的政策调整留下余地。这是对产品提供增值服务、对专有渠道进行专项产品投放的思路体现，和竞争产品形成价格区隔，找准产品定位的方式。

3. 提高零售价格

提高零售价格，餐饮店能获得更高的利润，同时，也满足了部分消费者消费高档啤酒的心理需求。提高零售价格也是一个系统工程，除产品品质优良、物超所值外，深度分销业务代表通过在餐饮店做大量的生动化陈列说服工作，使消费者接受高价产品。

4. 宣传产品

为该渠道制定专门的产品推广宣传措施，这是产品设计完成后具体执行的关键步骤。在醒目位置张贴大量海报，在海报上注明“专供餐饮店”和“3元/瓶”。由于终端业务代表“一对一”的宣传，可减少甚至取消电视广告和其他宣传活动。这种“一对一”的宣传与贴有大量海报、横幅的餐饮店的刺激，在迅速占领市场方面反而比电视广告的效果更好。

5. 促销

促销是快消品企业最常用的手段，但在这个专有渠道新产品上市的尝试过程中，刘总认为，促销由原来的“常规武器”变成可有可无的手段。于是，刘总果断地取消了常规的瓶盖促销和进货促销手段，因为渠道成员的销售利润已经通过深度分销模式和新产品设计完全体现在销售过程中了。

（二）深度分销队伍方面

1. 改变培训着重点

以前的销售培训着重培训业务技巧，而这次的业务培训变成了新产品上市的营销研讨会，两个部门探讨了餐饮店的销售管理对新产品上市的重要性，而新产品上市推动了餐饮店渠道乃至整个渠道的发展。由于没有促销和宣传，点对点、面对面的拜访沟通尤为重要，必须按照规范、统一的拜访流程，通过培训让业务代表全面认识产品和定位，将产品推广与销售紧紧地联系到一起，实现从“销售”到“营销”的升华。

2. 铺货活动不仅是传达销售政策

刘总将其定位为集产品推广与销售为一体的业务活动，他召开新产品上市会，在会上，他传达了产品概念：新产品的目标消费者是谁，新产品的定位是什么；帮助业务代表掌握铺货技巧和铺货工具，牢记该产品对餐饮店的主要卖点——进货即可获得较高利润和公司“点对点”服务（公司业务代表通过固定的路线拜访，能为其随时解决销售问题，而不是进货后就撒手不管）；在铺货过程中利用横幅、车辆，使餐饮店相信这是一场声势浩大的路演，该公司实力雄厚，从而突破心理防线、愿意进货。

3. 向业务代表下订单

餐饮店直接向业务代表下订单，业务代表把订单交给经销商，由经销商统一配送（经销商无权向其他渠道成员售货）。业务代表遵守正规、有序的拜访制度是公司长远发展该渠道、长久关注客户利益、让渠道放心经营的保证，坚定了渠道成员经营新产品的信念。

4. 在业务拜访过程中做生动化陈列工作

在醒目位置张贴大量的海报，在门店前堆箱陈列，悬挂大量吊旗和横幅，部分重点餐饮店还要做“易拉宝”门店广告等。

5. 准确、及时地反馈信息

业务代表每天从市场一线获得产品流向和消费者的消费情况等信

息，这些市场监控信息能准确地反映产品的市场表现，为制定下一步的推广策略提供依据。

总结和启示

通常，我们在新产品上市时主要考虑渠道配合。希望渠道经销商能全面贯彻公司制定的新产品上市促销政策；希望业务代表能尽快将新产品上市政策传达给经销商，并协助经销商执行政策。很多人认为，新产品上市就是市场部制定上市方案，然后由销售部落实，如何执行则是业务部门的事情，执行好坏与市场部、销售部无关。

这个案例说明，企业要有针对性地将新产品推向市场，包括充分利用渠道资源，这样能促进市场部和业务部门有效协作，充分发挥已有资源的优势。如表5－1所示。

表5－1　新产品上市需要的支持

产品上市需要渠道提供的支持	深度分销模式能提供以下渠道功能
产品覆盖率需要铺货支持	具有强大的终端铺货队伍
渠道管理有序	能对终端、二级批发商、大批发商进行全面细致管理
订单、生动化及补货系统	订单、生动化及补货是业务代表每天的主要工作内容
及时反馈信息，了解渠道实际需求	每天、每个业务代表对每个终端，以及大多数消费者的信息收集系统

当然，在实施深度分销模式的过程中，新产品上市也能加强深度分销的渠道管理功能。新产品上市能加强深度分销队伍对深度分销模式的理解，能充分利用深度分销模式的各项功能。如表5－2所示。

表 5－2 实施深度分销模式需要的支持

深度分销模式需要的支持	新产品上市能提供以下支持
用更多资源维护客情	有更多资源让业务代表与终端联系，增进感情
丰富枯燥的拜访过程	丰富工作内容
更多的产品组合	丰富产品线

刘总在新产品上市之前，就充分考虑了上述因素，针对自己的实际情况将“4P”营销策略中的“产品”和“渠道”进行密切、有效的整合；通过实施深度分销模式，全面发挥渠道成员的优势，将新产品在目标渠道销售，利用自己的资源取得竞争优势，精耕细作渠道，解决新产品上市不易成功、价格不易控制、促销费用高等问题，打破价格战和促销战的惯性思维！

4. 经销商不愿意送货怎么办

企业在深度分销模式下，企业的业务代表从终端获得订单，然后传递给经销商，并由经销商提供配送服务。可是，在操作过程中，经常出经销商不愿意送货的现象，终端对此很不满，甚至不再销售企业产品。在这种情况下，我们应该怎么办？经销商本来就是流通商，配送是其最基本的职能，企业如不实行直销模式，就必须通过经销商将产品从车间运送到各个销售点。**经销商不愿意送货，不是因为配送条件不高，而是心态或沟通上存在问题。**

一是企业（或企业的业务员）与经销商沟通存在问题。

二是经销商本身存在问题。

三是终端存在问题，经销商不能送货。

我们只有了解到底是哪个环节出了问题，才有可能解决问题。

使深度分销模式更合理

企业不要误认为，加大投入力度、实施深度分销模式，经销商就“没用”了，经销商就应该受企业的压制，经销商在这种模式下只能做配送商。企业应该充分分析经销商的功能，发挥其优势，不是将经销商退化成配送商，而是扩大、提升其能力与企业互补。

应该对经销商进行分级、甄选。如果将深度分销模式仅仅理解为终端服务，而不对原来的渠道成员做出调整，肯定会出现问题，不送货的现象就产生了。

企业与经销商沟通存在问题

通过深度分销模式，企业加强了对经销商的管理和服务，更接近渠道中间商和终端，即企业增强了对市场的渗透力。相对于过去粗放式管理方式下所有市场操作经销商说了算的方式，深度分销模式极有可能使经销商的利益受到损害。所以，企业必须了解是否存在这方面的问题，提前做好准备。

经销商被改造成配送商后，感觉企业的管理更加深入了，原来的一些市场功能被取代，自己有强烈的危机感，从而对企业产生抵触情绪。但作为生意人，经销商不会直截了当地结束合作，在现实操作中，经常以不送货、不按时还款、窜货等行为表示对企业的不满。

在这种情况下，企业一定要做好沟通工作，要让经销商从心里感受到企业在帮助他们，帮助他们维护市场、帮助他们成长、帮助他们管理市场、帮助他们在竞争激烈的流通渠道中成为杰出的经销商、帮助他们培养核心竞争力，从而认识到送货是互惠互利的事情。

这时，企业一定不要让经销商认为自己变成了“弱势群体”，要通过沟通与培训，让他们知道在新的营销模式下，他们跟随企业一定会走向成功。

■解决沟通问题的方法

如果业务员与经销商存在沟通问题，就需要上级主管帮助解决问题，以下是常见的解决方法。

（1）如果业务员经常将经销商的订单当成自己的订单、弄虚作假，根本不跑业务反而在经销商身上索取好处，影响经销商正常的工作等，需要找到证据后更换业务员。

（2）如果业务员与经销商存在沟通问题且双方能够消除隔阂，业务主管就要作为中间人积极调解。例如，销售主管可请经销商提出合理要求，然后由业务员承诺，保证努力工作。

（3）如果经销商故意刁难业务员，主管就应找经销商了解原因，看经销商是针对业务员还是针对企业，弄清楚到底是利益问题还是沟通方式的问题，以便找到解决方法。

■经销商存在问题

经销商不愿意送货也可能是自己的原因。例如，利润太低；旺季时，配送能力不足；怕不能收回赊欠的货款；怕终端“跑店走单”，从而“竹篮打水一场空”；不是自己核心区域市场的销售点不愿意送货；网点界定不清，可能该终端位于两个经销商相邻区域市场的交叉点上……

经销商自己存在问题并不代表企业可以坐视不管甚至责怪他们，双方要及时协商，将这些问题当作自己的问题，共同解决。企业还应酌情考虑，提供一些支持，如送货车、送货人员补贴等。

■ 终端存在问题

近年来，企业不断地将资源投入到终端，终端已经到了极度膨胀的状态，一些终端不断给企业或经销商出难题。当然，这可能也与企业的业务员有关系，明明知道这个终端不能送货，但为了完成订单任务，依然要求经销商送货。

在这里，企业有责任与经销商一起与终端沟通，使其成为企业的长期合作售点。超级大店可由企业与其签订赊欠协议，使赊欠、还款有法律保障，让经销商放心送货；其他的各类终端，企业可多方了解终端的信誉情况并反馈给经销商，保证送货、收款。

如果上述方法都不能解决问题，而经销商又坚持不送货，企业就要考虑更换经销商。因为该经销商已经丧失了自己最起码的能力——配送流通能力。

5. 深度分销后的分销模式转型

一家企业引进深度分销模式，按部就班、有理有节地推行了一年多的时间后，无论是渠道经销商管理，还是终端的掌握及拜访都取得了不俗的成绩。期间，企业迅猛发展，兼并了本省的一家竞争企业，从而取得了省会城市市场占有率接近90%、全省市场占有率接近60%的业绩。

但是，深度分销模式的投入非常大，该企业的总经理一直也在思考以下几个问题：实施深度分销模式后，在什么条件下可以撤销或者进行其他渠道模式的转换？

深度分销队伍能不能撤销或转换

很多企业实施深度分销模式后虽然取得了一些成绩，但似乎卷进了“投入产出不高，入不敷出”的漩涡：由于终端实施全面拜访政策，导致终端服务队伍庞大，但销量并没有同比例提高，订单主要由二级批发商取得。很多企业的终端服务队伍主要做信息收集工作。

让我们来看看企业的深度分销队伍的工作职责及考核关键指标，如表5－3所示。

表5－3　企业的深度分销队伍的工作职责及关键考核指标

项目	固定路线拜访	信息收集及各级传递	售后服务	客情沟通	生动化展示	终端开发	问题反馈及处理	订单获取
考核占比	15%	15%	10%	10%	15%	10%	15%	10%

每个终端每天的进货量都差不多，而且进货频率稳定，配送商与终端可以制定规范的进货流程。每天或每两天进一次货，每次进货量基本相同，根本不需要终端业务员拿订单。由于缺乏量化指标考核，业务员

的工作内容也变“虚”了，这支队伍逐渐成了信息收集队伍。

这是很多实施深度分销模式的企业的通病，如果没有督导队伍监督业务员的工作，业务员的工作一定会打折扣的。

这值得我们深思：深度分销只是一种渠道模式，甚至可以把它看成一种精细化的管理思想。深度分销队伍使渠道规范化、扁平化、良性化发展后，企业可以考虑转换甚至撤销深度分销队伍。

企业可以采用 ABC 终端分类法则（如图 5－1 所示），只要服务好80%的 A 类终端，就不会影响大局。所以，A 类终端应继续由深度分销队伍提供服务；取消 B、C 类终端的深度分销拜访队伍，让他们回到销售部，并由督导负责对这两类终端每月一至两次的拜访工作，将获得的信息反馈给经销商，由经销商推进具体业务。

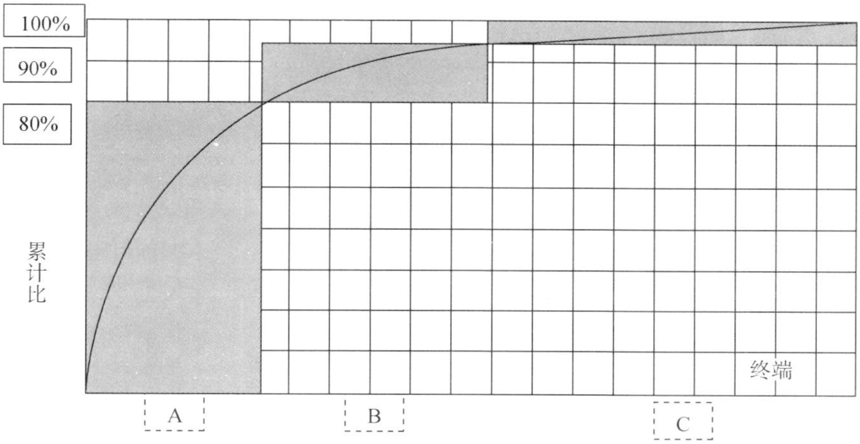

图 5－1　ABC 终端分类法则

由此可见，深度分销队伍完全可以根据企业需要进行转换。

■ 企业可以转换渠道模式

如果我们知道有哪些渠道模式，并且知道各个渠道模式的适用范围及条件，就有可能转换渠道模式。

如图5－2所示，根据企业对渠道成员的管理深度，可以分为以下几种渠道模式。

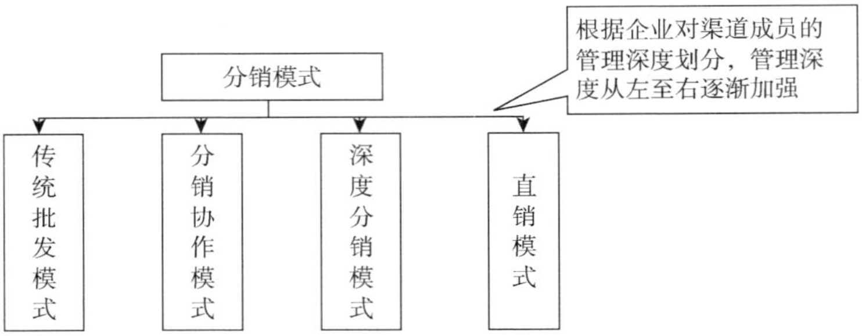

图5－2　主要的渠道模式

为了加强对渠道的管理，天津可口可乐公司将市区的101渠道系统（深度分销系统）转变为直销模式，将销售与配送分开，企业拿订单，渠道成员只负责配送，或者由企业找运输公司负责配送。

当然，如果不在市区，而在一些做过深度分销队伍开发的边远郊区或者二、三线城市，企业可以考虑在时机成熟时，逐渐将营销管理交给经过培训的经销商，即跳过分销协作模式采取传统批发模式！

■ 外部市场环境的要求

知道可供选择的渠道模式，也知道渠道模式有成功转换的可能，那么，企业应该在什么情况下转换渠道模式呢？这要看企业的实际情况了，根据实际情况解决实际问题。

我们容易对市场做出主观判断，要尊重事实，用科学的方法确定转换渠道模式的条件是否成熟。

我们认为，**占有率、覆盖率、投入费用及效果、终端及各级经销商情况、反应能力、抗竞争能力等，都是评判企业能否将深度分销模式转换为其他渠道模式的重要指标**。我们可以在收集到大量数据和事实的情况下，对以下指标进行评分，也可评估竞争对手的指标，做到心里有数。如图 5－3 所示。

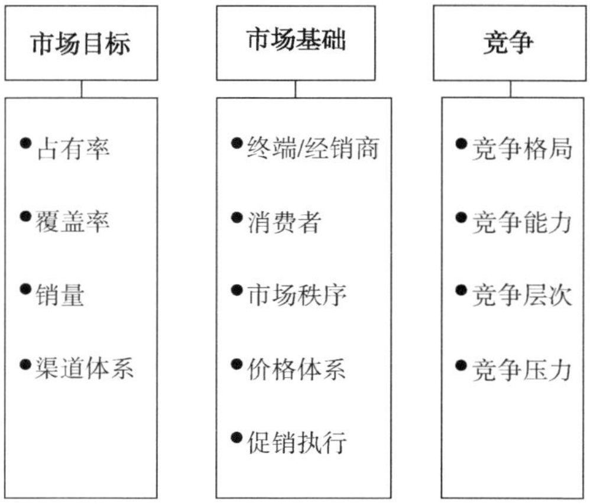

图 5－3　渠道模式转型指标

■ 内部环境的要求

前面提到的因素都属于外部市场因素，管理也很重要。图 5－4 是深度分销模式转换对管理和人员方面的具体要求。

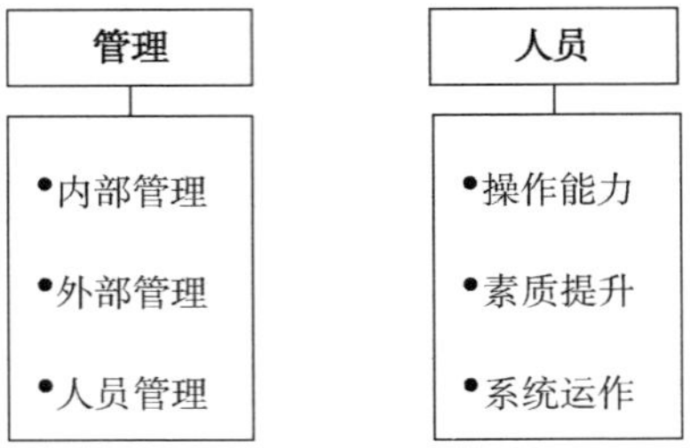

图 5－4　深度分销模式转换对企业内部管理和人员方面的具体要求

■ 如何进行有步骤的转换

在考虑好内外因素并且对撤销队伍和转换模式有相当的把握后，企业如何操作呢？具体步骤如下。

（一）终端摸底

企业如果做直销，每个终端都是可口可乐公司的客户，所以，终端摸底必不可少。

（二）扶持并培养配送商

可口可乐公司要完全舍弃传统批发商的流通方式，就要提前将一些小的区域配送商纳入培养计划。

（三）“砍掉”所有大批发商

“砍掉”所有大批发商或者将其调配到周边的郊区开拓市场，这是可口可乐公司长期系统性运作渠道的结果。如果从全国性的市场体系看，可口可乐公司花在传统批发商上的精力越来越少，北京市场虽然还有大批产品在传统渠道流通，销售额几亿元，但配送商仅两三个而已。

（四）招聘、培训直销业务员

直销业务员与终端业务员的区别是，直销业务员有自己的销量指标，将销量作为主要的考核指标，而终端业务员主要提供服务、协助销售。通过调整考核指标，原来的终端业务员就可以转型成为直销业务员。

（五）业务连线

业务连线即直销业务员与终端和配送队伍对接业务。直销业务员一边与终端对接业务、拜访终端、获得订单；一边与配送队伍对接业务，完成发货、送货工作。

第六章 区域销售组织设计与人员管理

1. 组织目标不只是完成销量

很多企业在建立区域销售组织的时候，都有一个非常明确的目标，即该区域销售组织成立以后，一年内要完成××任务！企业深信，对待区域销售组织人员，你不压他们，他们就会找各种理由不完成任务。

区域销售组织主管想通过一系列手段将市场整治好，但是这些手段不能在短期内完成销售目标，即使有利于企业取得长期利益，也会被总部怪罪或处罚。

在这种“只问结果、不问过程、销量第一”的思路影响下，似乎很难完成销量目标，销售区域内还出现了许多令总部头痛的问题：产品越来越难卖、价格越来越低、促销活动越来越多、人员怠工现象严重、人员流动速度越来越快……

建立区域销售组织要实现销售目标毫无疑问，但区域销售组织是一个有机体，不是完成销量的机器。**区域销售组织是一个市场管理组织，只有这个组织运行良好，才有可能完成销量。**

■良好的市场管理是基础

很多决策者采用“拍脑袋”的方式管理市场，还美其名曰“经验告诉我应该这样做”。在环境日益复杂、竞争日显激烈的市场，这种“拍脑袋”的方式行不通。

区域销售组织的目标是管理好市场。所以，区域销售组织工作的第一步就是详细地了解市场，然后尽可能详尽地分析市场，制订有针对性的市场管理计划，这样，才有可能完成销量。如果企业总部只想一步到位，在急功近利的决策者的指导下，就会产生急功近利的执行者，区域销售组织会在不知不觉中走错方向。

企业的总体目标是第一位的

各区域市场目标要服从于企业的总体目标，企业的总体目标是第一位的。

很多企业领导者习惯将区域销售组织形象地比喻成“扯着线的风筝”，区域销售组织既能被总部控制，又能在自己的领域内“自由”翱翔。如果没有总体目标和统一的标准，风筝很容易绞在一起“打架”，总部也分不清“谁在咬谁”，这也是窜货或经销商的经销区域问题很难得到解决的主要原因。

企业建立区域销售组织不仅为了实现某一区域的销量目标，还为了实现整个区域销售组织的总体目标，有时，企业为了实现总体目标会牺牲某一区域的利益。企业需要加强各个区域销售组织的合力，为实现更大的销售目标互相协作、共同努力。

因此，区域销售组织不仅是“扯着线的风筝”，还在总部的整合下与兄弟区域销售组织形成“拳头”。一是可以减少内耗，借力打力，例如，在某一区域市场铺货时，可借用兄弟区域市场的人做铺货工作；二是能形成合力，在需要向竞争对手发起进攻时，给竞争对手一记重拳，例如，共同组织狙击竞争对手降价的行动，共同抢夺竞争对手的经销商的下线客户等。

■ 加强市场功能

总部总是催促：销量指标完成没有？还差多少没完成？区域销售组织人员像被鞭子驱赶似的跑市场、争订单、抢回款、泡客户，当总部市场部需要下属组织机构内的市场资料时，得到的回答往往是："这个月销量完不成，根本没有时间收集市场信息，你们要的资料我根本没时间整理！"逼急了，他们就随变写几个数字交差了事。

而总部对这些资料的真实性缺乏考证，以此为依据，做下一步的市场策划，毫无疑问，政策是无效的。所以，**要想实现市场管理目标，企业就要重视区域销售组织的非销售功能。**

区域销售组织不是招一个经理、一个主管、两三个业务员就够了，他们为了完成销量有可能将市场搞得乱七八糟；他们不认为总部市场部人员在帮他们制定政策，在帮他们想办法提高销量。如果让事实说话，企业就要用一线资料做依据、制定有针对性的销售决策。

加强企业区域销售组织的市场功能，增加市场人员，加大市场部对销售区域组织的渗透，这是营销组织创新的重要方向。

■ 加强对销售功能的专业化服务力度

加强区域销售组织中的"非营利"功能，并进行专业化细分。"非营利"功能，即辅助实现销售目标的功能。例如，可口可乐公司花巨资成立助销队伍，成立专门的督导部门，招聘生动化服务人员，因为市场的整合需要很多专业化服务支持。我们提倡企业为渠道成员提供更好的服务，却忽视对区域销售组织销售功能的“服务”。比如，助销员可帮助业务员做客户谈判、签订协议等工作，督导员能更好地监督业务员有效地工作，生动化队伍能帮助销售点提高销量……

企业只有提高专业化水平，才能永远做领跑者，只有“非营利”功能的支持，才能带来更多的利益。在微利经营时代，与竞争对手相比，单纯的业务拜访运作很难和竞争对手拉开差距，通过“非营利”组织成员的服务实现业务增值，才能领先一步！

■ 以人为本

业务员对“封疆大吏”顶礼膜拜的时代已经过去了，对区域销售组织成员来说，驻外永远是一份苦差事。从个人角度来看，长远发展似乎永远没有驻总部人员有优势，取得成绩是因为有总部的支持，没有取得成绩就是执行不力，要自己承担责任；从市场角度来看，“人在江湖，身不由己”，虽然拿着企业发的工资，但权衡市场与企业，不得不向向经销商偏移。企业如果不为区域销售组织成员做长远发展规划，他们就很难站稳，或者会向渠道成员偏移，或者放弃这份工作。

尊重业务员，为他们设计合理的发展规划，肯定他们对企业的贡献，这是对区域销售组织最大的鼓舞。

2. 组织设计要顺应市场变化趋势

区域销售组织建立起来后，具体如何运作、如何管理、如何有效控制……让企业管理者伤透脑筋。很多企业经常调整区域销售组织，试图改善区域销售组织运作状况，但这种调整没有整体思路指导，不能有效地解决实际问题。

怎样才能创建一个良好的区域销售组织，为区域市场管理打下坚实的组织基础呢？关键是明确区域销售组织的目标，对市场需求做出快速反应；使市场营销效率最大化；代表并维护消费者的利益。

只要区域销售组织具备实现上述目标的功能，就可灵活创建组织架构，就可灵活运作渠道，很多区域市场管理问题就能迎刃而解。

A 饮料公司的区域销售组织进化

（一）区域销售组织的起步

A 饮料公司在某区域市场由于缺乏市场基础和销售基础，所以，不想投入太多的人力、物力，而是让一位有销售经验的销售经理牵头，带领三个有丰富的销售经验的业务主管，以项目组的形式进入该区域市场。

四人项目组主要的工作是做市场调研，并依据市场调研结果寻找合适的渠道成员，在半年内熟悉市场情况，并在所在区域市场的五个市场内各开发一个客户。半年后，项目组工作圆满结束，项目组解散，一位主管继续“留守”并开展下一步工作。

项目组虽然采取了最简单的区域组织结构形式，但非常实用，对市场变化做出快速的反应，使营销效率最大化。

（二）区域销售组织的确立

项目组结束工作之后，公司按照地理区域划分了区域销售组织：该区域市场共有五个行政区域市场，分别由五位业务主管负责，原来留下的主管担任该部门的副经理并主持工作。

由于公司重视超市卖场渠道，该公司的超市渠道由总部KA部管理，区域销售组织协助管理，包括所有超市卖场的合作谈判与协议签订、订单传递、账款赊欠与申请、促销计划与安排均设在总部，而发货、退货、换货、日常业务沟通、生动化陈列、促销活动由区域销售组织执行。如图6－1所示。

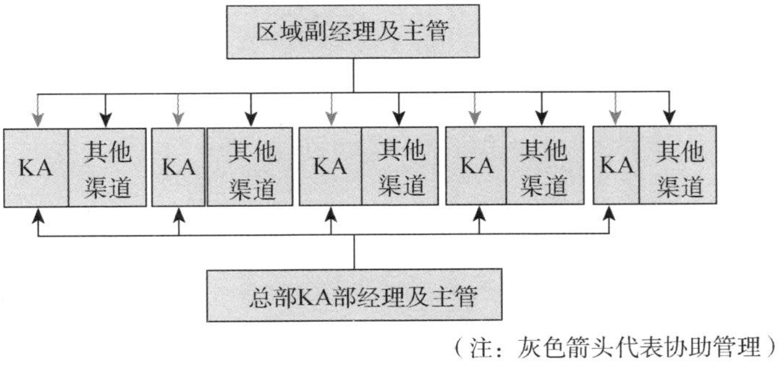

图6－1　总部KA部管理超市卖场渠道

采用这种管理方式以后，公司不但没有因为“多头管理”（宏观管理与微观管理相结合）出现部门扯皮和推诿的现象，反而提高了办事效率，既符合统筹安排的要求又注重了实际操作的灵活性，提高了产品销量。

（三）区域销售组织的创新

随着公司市场管理的深化，需要深耕市场，原来只为经销商提供服务的销售观念必须改变。除为经销商服务外，公司还必须直接掌控每个区域市场近百名二级批发商，并渗透零售终端。为此，公司在多次论证的前提下推进区域销售组织改革。

每个区域市场都有客户资料调查、新产品铺货、带货销售（车销)、生动化陈列、促销等任务，如果这些任务由几个人以组建工作组的方式开展，效果比单枪匹马一个人做好得多。因此，公司按照多功能项目组的形式设计区域销售组织，发挥整个组织的各项功能，从而使效果与效率最大化。如图 6－2 所示。

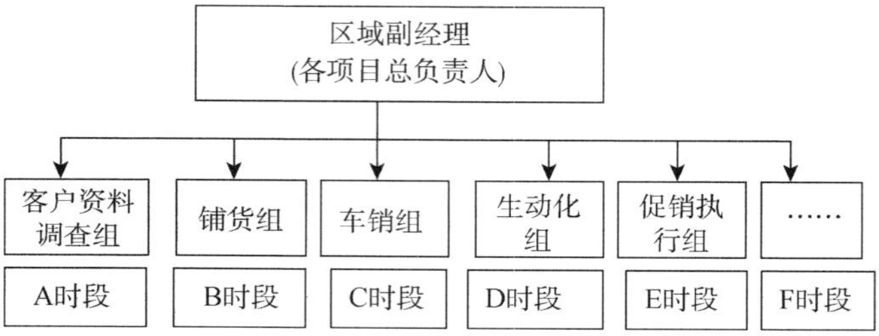

图 6－2　公司按照多功能项目组的形式设计区域销售组织

我们看看该公司为该区域市场制订的全年计划的部分内容，如图 6－3 所示。

2002—2003年	12	01	02	03	04	05	06	07	08	09	10	11

说明：
2002年12月重点：进行市场调查，进行二级批发商和零售终端资料调查登记
2003年1—2月重点：新产品上市，进行新产品铺货
2003年3—5月重点：与经销商一起进行带货“车销”，并进行二级批发商服务和零售终端拜访服务
2003年6—8月重点：销售旺季，进行各区域销售跟踪和促销政策的执行工作
2003年9—12月重点：开展生动化陈列活动等

图 6－3　区域市场的全年计划

为保证工作不流于形式，更好地开展工作，公司还合理分配人员，使各工作组的组织机构更加合理。这种方式能聚合最多的资源，完全不拘泥于形式，突破了人员、时间、空间的限制。将每项任务拆分，就像生产不同零件的车间，整合起来，就像一条流水线。如表 6－1 所示。

表 6－1 任务拆分表

2002—2003 年	12 月	01—02 月	03—05 月	06—08 月	09—11 月
组织形式	市场调查组每周五天	铺货工作组每周三天	车销业务项目，每周三天	日常业务及促销执行	生动化项目每周三天
日常拜访	每周一天	每周三天	每周三天	每周六天	每周三天

将工作任务有效拆分并合理整合，也是一项创新！

区域销售组织创新的优势

A 饮料公司在区域销售组织的创新实践，促进了区域市场的发展，除销量大幅增长外，还解决了以下问题。

（一）解决了管理问题

驻外区域销售组织在地域上超出公司总部的管理范围，有效管理驻外区域销售组织一直令公司总部头痛。采用任务分拆模式后，灵活多变的销售组织架构让驻外人员对总部减少了距离感，提高了工作积极性，并从中学到更多的业务技能。

（二）解决了市场问题

通过对边远小镇和小村庄的调查和走访，建立了零售终端档案，即销售关系。扩展市场、打击竞争对手（竞争对手的业务员可能几个月才来这里一次，更不用说进行售点拜访了）；开发了大量的二级批发商，销售区域市场内已无空白点；经销商销售工作更轻松了，同时，解决了大批发商截留促销政策的问题；重点关注重点客户。

（三）解决了可持续发展问题

任何一个销售环节出问题，都会使整个市场陷入瘫痪，通过精细化管理，公司能深入运作和管理所有销售环节。

总体看来，除了个别业务需要按部就班、进行严格的路线拜访外，其他业务都可以采取灵活多变的销售组织方式。对企业而言，节省了大量的聘请调查公司做市场调查的费用、节省了市场开发的时间、促进了市场精细化管理的进度、提高了员工的工作效率、激发了员工的工作热情、提高了团队合作效率、加强了市场管理力度；对员工而言，丰富了工作内容、有了更广阔的发展空间；对渠道成员而言，公司投入了大量的人力、开发稳固了经销商的销售网络、协助其管理和运作日益复杂的市场。

3. 总部要有为一线区域市场服务的意识

张总是某黄酒企业（A品牌）的销售总监，他手下有几个得力的销售经理，其中，浙江市场的姚经理精明干练，有望把浙江市场做成公司的样板市场。但是半年过去了，浙江市场非但没有起色，反而有衰退的迹象：终端促销被竞争对手（B品牌）压制，差点被挤出市场，市场占有率降低、渠道受阻、竞争力明显下降，什么会这样呢？究竟是产品有问题还是市场运作有问题？抑或是销售经理有问题？

（1）就产品和品牌而言，A品牌的黄酒的质量、知名度和品牌的美誉度都很高，在浙江市场也有一定的群众基础。喝黄酒甚至喝A品牌的黄酒已经成了消费者的习惯，为什么市场会越做越差呢？

（2）就宣传而言，双方的广告投入都不少，甚至在中央级媒体展开争夺战；B品牌的黄酒与A品牌的黄酒差异不大，宣传概念和宣传诉求点基本一致，不足以激发消费者的购买欲，让消费者钟情于B品牌。

（3）就销售经理而言，负责浙江地区的姚经理是全公司能力最强的销售经理之一，有丰富的市场运作经验。运作浙江市场对他来说应该不是难事，为什么这次却接连败北，处处受B品牌的压制？

（4）就市场运作而言，姚经理的市场运作计划可以落地执行，策划周详、细致也不失灵活性，这样的运作计划执行效果应该不会差到哪里去？

（5）就盈利模式而言，餐饮、超市、批发渠道都已经开发出来了，都有销量贡献。

（6）就绩效考核而言，公司有统一的考核机制，浙江市场也有一套考核系统，两者结合起来，能有效控制销售人员。

百思不得其解的张总决定微服私访，亲自走访市场进行调研，并打算与他的得力干将姚经理深谈一次。经过半个月的市场走访，疲惫不堪的张总和满腹苦水的姚经理做了深入沟通。

张总认为，浙江市场的运作存在问题，计划虽然周详，但是运作起来难免有出入。他说：“我看过春节促销计划书，也认可你的操作方式。但是，一方面，我们的春节促销活动比竞争对手迟了几天；另一方面，活动有些“粗糙”，有的超市连POP都没有，更不用说其他的辅助宣传材料了；促销人员没有经过培训，不能说出我们的产品特色；促销的礼品数量少，设计风格与公司的总体风格不符。有的超市，促销货物明显准备不足，甚至一度断货 3 个小时……”

姚经理听后既尴尬又无奈，说：“正如张总所说的，春节的促销计划很久以前就报给总公司了，但是总公司迟迟不做批复，我催了很多次才批下来，结果又不给促销费用。我们需要的资源，如终端 POP、易拉宝、礼品袋等终端物料，市场部也没有准备充足，送过来的物料明显不够，竞争对手 B 品牌的促销活动已经开始了，在不得已的情况下，我只有把自己的家底拿出来，与经销商合作，先做促销活动，所以，难免有缺陷。我们计划早、启动晚，素质高的黄酒促销员早被竞争对手招聘过去了，我们又没有时间和能力培训新促销员，请市场部人员协助，他们没办法协助培训。这次活动我们很被动，明显没有达到预期效果，这是我准备不充分造成的。”

姚经理抓住这次难得的机会，把他上任半年来的很多疑难问题与张总沟通，从渠道整合、市场开发、绩效考核三个方面做了总结。

（1）渠道整合。我们按照总公司的要求，同时运作餐饮、超市、批发等渠道，但是哪个渠道也没做好。比如，我们高价买断部分酒店销售渠道，但是我们有好几种产品都亏损。我几次建议市场部调整酒店策略，重新开发适合酒店的产品，但都没有回复。

另外，浙江市场并非只有我一个人做市场，总公司的直销商不在我的管理范畴内，他们的产品价格低，我辛辛苦苦打开的市场转眼间就垮了，几个经销商还轮番打起了内部价格战，很多经销商因为无利可图，便放弃销售我们的产品。

（2）市场开发。一方面，您答应给我最好的政策，让我运作浙江样板市场，但是我如何兑现政策呢？我做促销，财务不给费用，市场部不给物料；我要开发市场，不能及时支付进店费、上架费、买断费，等公司的钱来了，事情也黄了。开发市场需要的终端物料、宣传物料、产品手册，都是临时准备的，没有一次是提前准备好的。

（3）绩效考核。对管理人员和生产人员来说，公司的考核政策能够激发他们的工作热情和提高他们的工作效率；对销售人员来说，考核政策并不适合他们，因为政策没有以市场开发为导向。

没有比总部“总不作为”让区域经理气馁的事情了！

没有比市场“销售失常”让营销总监着急的事情了！

这不仅是营销策略有问题、营销体系出问题那么简单。

一线业务员也有问题，他们做事没有计划，喜欢临阵磨枪；他们不喜欢系统与规范，喜欢灵活、机动；他们不喜欢科学的管理，喜欢凭经验运作市场。除此之外，他们以竞争激烈为由，获取更多的资源与政策；以人手不够为由，拒绝推广新产品；以市场活动方案不符合实际情况为由，拒绝与总部市场部合作……

在竞争激烈的营销年代，应以直接面对市场、快速对市场做出反应，作为检验工作的重要标准！

除一线业务员及时汇报情况，让市场部人员了解自己区域市场的实际情况，并提供支持外，市场部人员也要思考并认真做好以下四件事。

■ 执行是最重要的策略

很多市场部人员喜欢把工作分成策略制定层面的工作与执行层面的

工作。他们坐在办公室里思考、讨论，制定好策略后，让各区域市场执行，如果执行的效果不好，他们就将责任推到执行者身上。其实，他们对策略能否成功执行也没底。

现在，越来越多的营销咨询公司除了为企业制定策略外，还必须跟进策略执行工作，一个策略的成功，95%在于执行。

所以，市场部人员在制定策略前了解情况，制定策略后与一线业务员共同执行策略或跟进工作，是实现目标的关键因素。

■ 将服务当作管理的最重要基石

对消费者来说，服务是一种产品。但一线业务员来说，服务是一项重要的职能！

当一线业务员全心全意地为消费者服务时，他们的服务能力从何而来？主要是总部的支持。如果总部没有服务市场、服务一线部门的意识，企业服务市场的能力肯定会大打折扣，这些能力包括运输配送、残次品及质量问题处理、售后服务、区域开拓、消费者沟通等。

讲服务很难，做起来更难，但总部市场部人员一定要想到，企业的收入都来自市场，总部员工的衣食父母不是他们的领导，而是市场。

■ 将情境领导当作领导的必要环节

在竞争的激烈环境中，领导艺术并不是“运筹帷幄之中，决胜千里之外”。现在，营销是肉搏战，现场发号施令与指挥更能赢得竞争、取得优势。

领导力从何而来？领导力要有群众基础、事实基础，环境不同，基础也不同。

■ 将向下沟通当作向上沟通的资本

领导安排工作时，一般会说“先跟下面的区域经理沟通一下”，而不是说“将部门的意思传达（安排、分配）下去”。为什么现在都用视频会议进行双向沟通，而不是让一线业务员接受指令？原因是，与一线业务员沟通越多、越透彻，就越容易发现问题，越能找到解决问题的办法。向下沟通让总部发挥了管理职能，是提高总部员工能力的不二法门。

总之，从张总的困惑可以看出，关键问题不是市场运作，也不是销售经理的问题。那些近乎完美的产品、品牌、宣传、市场运作方法、盈利模式、绩效考核指标，为什么到头来都出现问题，并且其他重要的区域市场也出现了问题？难道不是总部市场部人员制定的策略不切合实际？难道不是总部市场部人员缺乏为一线业务员服务的意识？难道不是领导及领导部门缺乏现场指导能力？难道不是总部与一线区域市场缺乏深入的沟通？

一线区域市场是总部这块土壤上的一棵苗，即使长成大树，离开了总部这块给它们提供生存资料的土地，又能有什么作为？

4. 领导忙、员工闲，怎么办

核心问题是目标没有分解透彻

宋总又到一线市场视察工作了，你不要以为他很忙、任务指标太高，其实，他是在办公室里太“闲”了！

宋总是可口可乐公司某区域市场的老总。为什么外资国际巨头企业的领导那么“闲”？

其实，他们不是闲，他们的工作基于事物发展规律、工作目标、流程、管理节奏和各层级的职责，不同阶段、不同层级的员工有不同的工作。他们的工作是前期的战略规划和过程管理，包括基本战略规划的计划、组织、指挥、督导和控制。

可口可乐公司的领导，将公司的经营目标分解到个人、每个时间段、每个产品、每个客户、每个区域市场，并针对每个目标制定年度、季度、月度策略，费用计划，人员执行步骤，从计划、组织阶段进入指挥、督导与控制阶段，一环扣一环，使每项工作都能顺利进行。宋总在做督导与控制阶段的工作，当然要到处“闲逛”了。

反观其他企业的领导，由于没有梳理自己的工作，结果，从年头到年尾都在做规划、分解目标、做督导与控制阶段的工作、做救火工作，能不累吗？

很多疲惫不堪的领导不妨想想，如果你的经营目标没有完全分解到每个业务员的每项具体业务中，你的工作安排就不到位，一线业务员的工作就没有方向、没有目标。如果一线业务员没有公司的政策与方案的支持，他的业绩就有可能打折扣？如果一线业务员没有参加过培训，没有提高实现目标应有的基本技能，他们的业绩还会打折扣……

执行力不够，其实是管理能力不足

很多人认为，雪花啤酒公司的成功是资本的力量与收购的成功。我认同雪花啤酒公司的成功是管理到位与执行力强，从而使其全国性的整合与复制成功的观点。2012 年，经济发展速度放缓，已经没有啤酒企业继续收购企业和建厂，而雪花啤酒公司依然在河南与湖南建厂，甚至是有百万吨级生产力的生产厂。

我从职业经理人转行做咨询后，我拜访了雪花啤酒公司的全国营销副总裁，我们在办公室里聊了一天，我没见他接电话、开会、发邮件……雪花啤酒的员工工作井井有条。

企业的领导很忙，除自身有问题外，管理流于形式、流程不清晰，以至各部门产生冲突、组织不匹配、人员的职责不明确……这些都是领导忙、员工闲的重要原因。

很多企业不知从何下手，一线业务人员游离于管理之外，最后，很多工作只能领导自己做。在伊利公司培训时，我提出了“常务业务”的概念。我认为，管理与执行出问题，都是领导或总部的问题，而一线业务员更多的是执行工作。

■试点再复制，是解决“一管就死、一放就乱”问题的好办法

沱牌曲酒有几位营销领导，原来都没做过营销或者销售工作，近年来，沱牌曲酒营销改革成功、销量持续增长、市场运作逐渐清晰、消费者接受度越来越高，而这几位领导却一点也“不忙”！

沱牌曲酒导入深度分销模式，进行区域－产品－分销－推广－组织－人员－管理一体化运营，招聘十几个新业务员做销售工作，使沱牌曲酒的新营销模式取得了成功。在试点成功后，公司趁热打铁，继续招聘了新员工，进行试点再复制。沱牌曲酒的销量与影响力迅速提高，业务员工作有条不紊，从成功走向再成功。

试点再复制，其实，就是将大事化小、小事做好，成功复制小事中的所有管理与执行工作，使管理与执行工作简单化、“傻瓜化”。

■要让领导“闲”、员工忙，打造执行“内驱力”

阿里巴巴的马云，为什么能让共同创业者死心塌地地跟着他做事业？通过建立自己的企业文化，明确愿景、使命、价值观与企业精神，让员工产生执行“内驱力”。

一个人如果没有“内驱力”，在领导的管理下产生“外驱力”，是不可能将事情做好的，甚至会产生反作用力。如果领导没有个人影响

力，就要通过文化打造，从而产生积极向上的、迎合战略的、针对目标指向的组织影响力。在这种组织氛围下，员工个人和组织融合，组织又是积极向上的组织，那么，这个组织的组织“内驱力”就会越来越强大。

5. 用体系防止员工犯错

近期，我与几位咨询公司的管理者到厂区办公，路上讨论了事业部业绩下降，该事业部的领导如何向总部汇报改善管理的问题。该事业部领导认为，业绩下滑是员工的执行力有问题，所以，他加大了执行力的考核力度，如发现该事业部核心市场有一个空白点，就罚款 50 元（啤酒行业）。在大家都说该措施肯定无效的同时，我不禁想起以前在雪花啤酒公司做全国总监级以上员工培训时的案例，以及在日本学习成功企业的管理经验的经历。

雪花啤酒公司曾经在 2005 年初，对全国区域市场总经理及区域营销系统总监级以上的高管进行了共八期、每期八天的系统性培训。在培训期间，我作为此次培训的主力培训师与各区域市场的老总进行了深入的沟通。

在一次培训课上，我问了一个现实问题：“业务员如果在执行过程中，不听领导安排并犯了错误怎么办?”

某区域市场的销售总监站起来，毫不犹豫地回答：“罚！惩罚后，他们就老实了！”

我没想到他会这样回答，培训是为了引导学员朝正确的方向思考与行动，这明显不是我想要的答案。我问：“如果你没有惩罚的权力，还要取得更好、更持久的效果，怎样办?”

……

为什么员工会犯错

一位销售副总经理曾对我说：“我们这种类型的改革已经开展三次了，但都没有成功。原因在于员工在执行过程中执行不到位，即使有标准化手册，也因为环节太多、太细，且与以前的粗放式操作模式差异太大，员工在执行过程中很容易出错。出错多了，很难沿着正确的道路继续前进了。”

为什么员工会犯错?

很多领导认为，是员工的经验不足、素质太差。员工认为，领导没有给他们学习机会、培训机会，没有激励措施、竞争压力太大、领导只会安排不会管理……

为什么员工与领导在犯错的原因认知上，会有如此大的差异呢?

优秀的企业认为，员工犯错，是企业的系统、模式、培训、管理有缺陷造成的，所以，他们愿意改善系统、模式、培训、管理。即使经验不足，也会建立“传帮带”机制，让员工快速成长。

一般的企业认为，员工素质太差，他们不执行其决策，看不到方向，找不到方法，领悟不了自己的意思，能力不足，态度恶劣或不端正。

纵观国内快消品企业，很难说一家企业的员工能力比另一家企业的员工能力强，所以，员工犯错，是一家企业在员工的知识培训、技能打造、态度激励上差异太大造成的。

如何防止员工犯错

一般来说，员工会在四个方面犯错。

一是知识。没有足够的专业知识使其经常犯错。

二是态度。由于态度不端正，工作懈怠，抱有投机取巧心态。

三是技能。在技能上遇到问题无法解决。

四是管理。不知道怎样管理自己的时间、工作流程、目标，做事效率低下。

要防止员工犯错，需要企业针对上述四个方面寻找解决办法，至于在细节工作上犯错的员工，可安排有经验的管理者或老员工对其进行前期培训，使其降低犯错率。

共同寻找解决办法并让其执行，是最好的“惩罚”犯错员工的方法

去日本丰田公司参观并接受培训，我发现，丰田公司的员工很少犯错。原来，在丰田公司的制度与管理里，根本就没有惩罚两个字！作为领导，他们认为，为员工提供优质的运转系统、可靠的方法、有效的工具，就一定能让其取得好业绩！所以，他们的 JIT 管理、看板管理、职场活性化、先行改善，以及层出不穷的经营研究成果，使其不断提高效率！而中国本土企业，擅长用大棒、反向激励、惩罚等手段，员工根本不可能视企业如家，将终生托付给企业。

在雪花啤酒公司，我们每天“霸占”一个会议室，共同讨论解决方案，尽可能让员工参与讨论。他们参与讨论后，就会降低执行过程中的错误率。

一是他们知道了决策的具体内容，不会因为不理解领导的意思而推卸责任。

二是自己的意见被采用了，不但有成就感、认同感，还会为执行工作扫除障碍。

三是如果是团队执行工作，前期已经沟通过了，再执行过程中就会减少摩擦。

员工犯错，员工没问题，他们只是执行者。员工犯错，请从企业系统或管理者身上找原因，正向激励远比惩罚和反向激励有效。惩罚和反向激励只能使员工迫于压力，在短时间内或某项具体业务上推进工作，不利于企业发展。员工做错了，始终是企业和领导的问题，帮助员工提高能力，这是有效管理员工的根本途径。

6. 区域销售组织的执行力培训

阳经理是一家大型啤酒集团的销售培训经理，他认为，现在的执行力培训，特别是一线业务员的执行力培训，存在以下问题。

（1）外部培训没有执行力。

（2）过于理论化，经常谈论企业文化、管理制度等，把怎么做一件具体事情的问题提到战略、企业文化、管理、流程高度。

（3）执行力的基本内容不明确。每家企业的各个层面的执行力要求不同，没有规律可循。

如何解决企业内部的执行力培训无效的问题呢？阳经理对执行力培训有自己独到的见解，并将自己的见解升级成一种自创的执行力培训方式，针对一线业务员开展了一次提升执行力的培训。

执行力培训要让企业员工知道执行力包括哪些内容?

阳经理一直考虑这个问题：一线业务员长期驻外工作，主要的工作是什么，他们是否知道这些工作与他们的哪些能力有关？这些能力是否可以通过培训提高？提高执行力的关键因素有哪些？每个区域市场或每个公司的业绩不同，能否说明他们各方面的执行力强弱不同……

阳经理从区域分公司人力资源部找到去年的一线业务员工作职责书，想从这里找到灵感。看着一项项的工作描述，阳经理突然想到：工作职责描述是否是对执行内容的另一种描述方法？执行力就是解决问题的能力，一线业务员的执行力就是解决做好各项工作的能力。

阳经理豁然开朗，将各种职责转化成能力项，并细化各项能力，挖掘一线业务员执行决策过程中的各项能力——执行力。

让一线业务员了解，与他们工作相关的执行力有哪些，而不是直接告诉他，你的执行力跟公司的发展关系重大。脱离说教，与员工的实际工作结合起来，员工一定会认真听、积极思考，并自我对比、剖析，从而解决了企业培训最大的难题——员工认为，培训就是上级的安排。表6－2是阳经理对一线业务员的执行力总结。

表6－2　一线业务员的执行力的总结

业务拜访能力	固定拜访，尽量按时间经济原则进行定时、定线、定点拜访
客户沟通能力	与客户的全面沟通能力，如进货、送货、提货、货款、回瓶、开发等

续表

内部沟通能力	与公司各层级员工沟通和解决问题的能力
终端开发能力	对终端的全面了解、沟通及开发、生动化陈列实施等
价格政策运用及促销活动开展能力	价格稳定性、窜货管理、价格平衡，促销活动传达、应用、反馈、调整等能力
自我业务管理及日常管理能力	自我计划、时间管理、各项基本管理工具的运用

执行力培训要让员工和管理者知道执行力的弱项在哪里，欠缺或者还没实施的执行力有哪些。

阳经理将这张表格打印出来，去征求老总的意见，并取得老总的认可。但是，他对能否取得下属公司的认可没底，老总说："培训只讲什么是执行力，并不能提高执行力，执行力存在的问题，才是提高执行力培训的关键。"

阳经理找到大区经理，与他磋商后做了总结，并按能力强弱分解各项执行力，表 6－3 是阳经理修改后的执行力自检表。

表 6－3　执行力自检表

类别	选项	选正在做的项，并按能力强弱排序	选择还没做的项目	自认的弱项
拜访制度执行	1. 基本定时、定线拜访　2. 拜访前做好思想准备 3. 拜访前做好物质准备　4. 拜访后总结 5. 有固定的书面的拜访路线表　6. 对路线熟悉 7. 对每一个客户都熟悉	1. 2. 3. 4. 5. 6.		
会议	1. 会议精神领会透彻　2. 会议踊跃发言 3. 会议提问能力强　4. 会议后一定进行总结与反思	1. 2. 3. 4.		

续表

类别	选项	选正在做的项，并按能力强弱排序	选择还没做的项目	自认的弱项
具体客户拜访	1. 与客户感情好　2. 客户喜欢与你交谈 3. 客户对交谈内容接受度高　4. 客户对个人接受度高 5. 客户投诉情况　6. 善于倾听 7. 善于提问　8. 是否有多种与客户沟通手段	1. 2. 3. 4. 5. 6.		
内部沟通	1. 与主管沟通较多且沟通愉快　2. 与经理沟通较多且沟通愉快 3. 与同事沟通频繁　4. 与其他部门沟通顺畅 5. 领导是否经常与你沟通　6. 汇报工作是否及时	1. 2. 3. 4.		
生动化	1. 一店一张海报　2. 一店至少两张海报 3. 公司安排就做　4. 自己主动做 5. 自己经常实施　6. 经常维护 7. 除城管不准外，所有店面都有			
送货	1. 偶尔帮助送　2. 从不送 3. 富余时间就送			
补货	1. 二级批发商从来不断货　2. 二级批发商偶尔断货 3. 二级批发商经常断货			
区域/客户开发	1. 经常到未开发区域走访并寻找机会　2. 鼓励客户开发新点 3. 每周必开发新点　4. 每月必开发新点 5. 很少开发新点			
区域规划	1. 合理　2. 混乱 3. 根本就没管，是领导的事　4. 想过，没法做			
价格	1. 市场价格稳定　2. 价格动荡 3. 窜货　4. 了解客户的实际销售价格			
促销	1. 能按计划时间开展　2. 客户能理解和执行活动内容 3. 促销资源没浪费和被挪用　4. 计划“不走样”			
其他活动开展	1. 按时　2. 按质 3. 按量　4. 不与其他区域或活动冲突			

通过这张自检表，企业能了解员工有哪些执行力可推广和发扬，执行力的缺陷和不足，针对个别员工提供哪些帮助，培训师在哪些方面需要给予更多的关注和指导。

企业可以通过自检表发现问题，重点提出某些方面执行力不强的解决方案，真正让员工知道怎么做，才能提高执行力。如表6－4所示。

表6－4　执行力不强的解决方案

业务拜访能力	客户资料卡、拜访路线图、区域划分、“拜访八步骤”等
客户沟通能力	沟通技巧、异议处理、关系营销等
内部沟通能力	讨论会、换位思考法等
终端开发能力	终端业务拜访技巧、生动化实施标准、与客户如何协同开发
价格政策运用及促销活动开展能力	窜货处理、价值链管理、价差计算法、促销活动的时效性管理、促销品管理等
自我业务管理及日常管理能力	时间管理、出差管理、报表管理、信息管理方法等

培训开始了，阳经理对这次培训胸有成竹，并邀请相关领导给予指导。尽量将其由一言堂式的灌输变成有员工热切参与的研讨会，通过研讨，调动大家的积极性，讨论工作中存在的问题并找到解决方案。

阳经理将自检表发给大家后，开始逐项讲解。然后，让员工开始自我评判，将自己的执行能力排序，找到自己的弱项并努力改进。业务员一直在市场拼搏，很少评估自己的执行力，自检表能帮助他们评估自己的执行力。

阳经理总结业务员的自检表后发现，拜访制度、具体拜访路线、内部沟通存在问题，区域市场规划不明确。

(1) 大多数业务员无固定拜访路线、不熟悉客户、拜访不及时、随意性较强，需要加强拜访前的准备工作与拜访后的总结工作。

（2）与客户交谈时，只知道说，不善于提问，与客户沟通的手段单一。

（3）普遍存在与其他部门沟通受阻的现象。

（4）生动化陈列工作做得较好，但公司安排多，主动性不强。

（5）开拓能力不强。

（6）存在一定的窜货行为。

（7）开展活动的时效性不强。

对此，阳经理制订了培训重点计划。

（1）尽快制定拜访制度，做好拜访前的准备工作与拜访后的总结工作。业务员在熟悉拜访路线的情况下，尽量按时拜访，并加强与客户的联系。方法：制作客户资料卡、制作拜访路线图、划分区域、参考“拜访八步骤”等。

（2）增强大家的参与意识，在内部交流与外部沟通中加强沟通能力。方法：提高沟通技巧、异议处理能力、关系营销能力等，加强团队合作的意识，创造更多与其他部门交流的机会等。

（3）坚决杜绝二级批发商的窜货行为。方法：制定价格实施办法、窜货管理制度，协助客户送货。

（4）加强各类活动的时效性，加强促销资源的管理力度。方法：制定促销活动管理办法，加强促销活动的管理力度。

（5）加强终端建设。方法：明确终端开发方法、生动化陈列执行步骤、与客户协作开发市场方案。

在具体的解决办法出台后，阳经理强调了业务员提高执行力的几大注意事项。

（1）明确目标、分解目标，明确执行力的方向。

（2）在工作中强调团队协作的重要性。

（3）将知识和技能当成提高执行力的基础。

（4）创造内部沟通和外部交流的机会，通过沟通和交流，吸取同仁的宝贵经验，了解自己的不足，找到提高执行力的捷径。

通过这次研讨式的培训，大家发现了问题，找到了个人和团体执行力的差距，找到具体的解决办法，同时，管理者也知道自己需要在哪些方面为员工提供指导。不论是个人，还是团队，都找到了提高执行力的具体办法，满足了业务员提高执行力的需要，也满足了管理者提高整个部门核心竞争力的要求。

第七章　区域市场管理的工具、方法

1. 员工抱怨报表太多，怎么办

张经理是某企业的销售经理，每天都在市场上“搏杀”，可是，他每天根本抽不出时间拜访经销商了解情况。因为，从早上到晚上，不断有总部的传真或邮件，让他找齐资料、签名、上报、确认。他的下属也忙得不可开交，除了做自己的业务、填写报表外，还要到市场上寻找张经理填报报表需要的信息和资料。业务员的文件包里，基本上都是各种各样的被公司领导称为“管理工具”的表格，业务员每天要花一两个小时填表。难道企业管理员工、监督员工的唯一办法就是让员工填报表吗？

■ 管理工具不只是报表

管理工具不只是报表，可以让业务员通过了解规章制度，达到约束员工的目的。每家企业都有规章制度，但很多企业的规章制度都是摆设，员工可能从来没看过规章制度，企业也从来没做过宣传。

张经理对规章制度的“灌输”方式并不呆板，他采用了一线业务最喜欢的“案例式教学法”。

首先，张经理召开“头脑风暴”会议，让大家一起讨论规章制度。

其次，张经理让每个业务员明确哪些规章制度是应该遵守的，哪些规章制度是在以后工作中需要注意的……这样，每个人既能遵守具有共性的规章制度，又能完全针对自己的实际情况做出调整，达到规章制度为我所用的目的。

最后，张经理要求业务员每个月总结一个案例，用于支持某一项规章制度，让业务员逐渐加深对规章制度的理解，真正将规章制度贯彻到实际工作中。

规章制度不一定要由企业统一制定，也可以让员工自己制定、自己遵守，会议形式、拜访过程、客户沟通纪律、账款处理、上班纪律等，都可让员工自己制定，自己管理自己。

■管理报表是“死”的，但业务会议是“活”的

张经理是从业务员做到经理，他的管理风格就是和大家打成一片，没有等级观念。他喜欢和大家在一起讨论问题，在与大家的平等沟通过程中完成管理，同时也打造了一个有战斗力的团队。所以，他喜欢利用业务会议等方式管理团队。

他召开的业务会议非常有特点，他只把自己当作主持人、乐队指挥，让业务员轮流召开会议，帮助他做分析、管理。他不时在会议上进行引导、纠正和鼓励，让大家在开会之前，不得不为这个平等沟通的会议做好准备。

业务员在做好工作的同时，还要考虑其他同事工作中存在的问题。这样，不仅带动了大家的工作积极性，还极大地提高了大家分析问题的能力，大家的思路拓宽了，员工之间的沟通障碍也就消除了。

如果业务会议运用得好，管理报表上枯燥的数字、随时变化的竞争动态，都能通过灵活多变的业务会议，变成活生生的决策分析资料，甚至能当场做出决策。这样，报表也真正发挥了管理效用。

■ 报表要与关键考核指标挂钩

很多企业只将报表当成员工必须完成的一项工作任务，在考核、激励、管理过程中，根本没有关键指标，“胡子眉毛一把抓”。

张经理认为，管理目的是为了达到销售目的，报表填写不能舍本逐末。业务员每天不能有太多的重点工作，业务员一般只对销量、产品覆盖率、生动化陈列等负责，这些内容作为报表重点内容即可。所以，他与大家讨论，废除了很多没用的表格，只保留了三张表格——日拜访推进表、销售情况表、市场信息表。

报表填写并不要求面面俱到，面面俱到就代表“面面没到”，员工辛辛苦苦填写的报表，最后都变成了废纸。但是，企业要根据每月不同的重点工作、考核重点，适当调整报表的重点内容；或者固定报表，针对每月重点工作，员工多填一张当月重点工作报表。

报表不是管理的全部工作，根据关键考核指标削减没必要的报表，多运用灵活的、能发挥员工主观能动性的方法，往往能取得很好的管理效果。这样一来，无论是领导、主管，还是一线业务员，都不会为填写报表头痛了！

2. 大区经理如何做月度分析报告

月度分析报告变味了

各大区经理在每月月底都要汇报月度工作。力乐啤酒公司的销售总监朱骏，一边挂电话，一边气恼地说："费用，费用，就知道要费用，就知道诉苦……"话音未落，铃声又起，这次是中南大区经理赵刚打来的电话，"朱总，本月，我们区域市场按公司的要求，落实了夏季销售政策，公司经予销售商的旺季进货奖励政策，我们也传达给经销商了。不过，还没达到公司要求的出货量。主要原因是竞争对手抢在我们前面，以相同政策向经销商压货……我们做了不少工作，可是，经销商提出，如果多进货，就必须给予比竞争对手更优厚的搭赠政策……可是，本月的费用全部用完了……这是我们公司的重要市场，怎么办？能不能再给我们一些费用？"

放下电话，朱骏的脑子很乱。为了做好今年的旺季销售工作，朱骏要求每个大区经理在月末都要认真做月度分析报告，力求全面了解市场情况。考虑到旺季的工作量，朱骏不要求一定以书面形式提交月度分析报告，可以通过电话汇报工作。结果，朱骏不但没能从这些大区经理的月度分析报告中了解各区域市场的销售情况，自己反倒成了"财政厅""问题处理中心"。

朱骏是为钱苦恼吗

大区经理每月向公司领导汇报销售情况，并分析市场，这是每个大区经理每月的必修课。当然，每个公司的汇报方法不同，但是，绝大多数公司只关注汇报情况，很少分析情况。也就是说，只是来到领导的办公室或是通过电话，将情况告诉领导，最后加一句：市场情况非常严峻，不得不加大投入，否则……

在这种情况下，没有经过详细的分析，领导做出的决策并不能真正解决问题。所以，公司领导一定要了解市场情况、分析市场，这是大区经理不断提高能力的过程，也是公司提高营销能力的必由之路。

朱骏之所以苦恼，是因为大区经理的月度分析报告存在很多问题。

（1）大多数大区经理汇报工作时避重就轻，该说的问题没说，报喜不报忧。

（2）不监督工作进程，浪费资源。

（3）没有分析，只将事实呈现给领导，让领导拍板。由于领导不了解情况，做出错误的决策，从而严重影响工作。

（4）只注重在前线打仗，不注重内部提升，造成内外脱节，公司在市场上越来越没有战斗力。

（5）没有经过分析就制订计划，这是很多企业的缺陷。在实施计划前，根本没有机会讨论它的可行性。

（6）月度分析报告走过场。

■"灌下四药"，解除苦恼

要让大区经理的月度分析报告发挥应有的作用：首先，要避免月度分析报告沦为"月度问题报告""要钱的门路"等。其次，还要以具体的内容为要求让大区经理知道月度分析报告到底该分析什么、报告什么，即必须包含哪些内容。

月度分析报告可以做演示，以图表形式获得公司管理层的认可，并且提出的建设性意见让领导参与讨论，得到即时答复，这也是很好的沟通方式。

很多企业的月度报告都是直面问题，却不跟踪上月的问题；有的企业只讲销量，不讲利润，没有经营意识。月度分析报告最好包括以下四方面内容。

（一）上月情况跟踪回顾

这是某企业大区经理陈泽做的月度分析报告：自上月执行开盖有奖活动以来，产品销量增长了30%，超过预期。竞争对手的销量受到一定影响，据业务员调查，竞争对手的销量直线下降，虽然在我们推出活动10天后，竞争对手也推出了类似的活动，但和我们还有一定的差距……

上月情况跟踪回顾的主要内容包括上月的月度分析报告中提出的问题的解决结果，尽量以对比形式展现，总结成功解决问题的经验，重点寻找没有解决问题的新思路、新方法。

国内企业不缺乏发现问题的能力，但缺乏将问题一追到底的决心。

一个问题说了几十遍，仍未解决问题的企业很多，除了一线业务员的执行力不强外，整个企业没有解决问题的毅力，销售会议的论题太多，且未找到具体的解决办法。国内企业很怕谈问题，而外资企业的营销会议只谈问题、不谈成绩。所以，做好上月情况跟踪回顾的内容及方法如下。

（1）销量、产品覆盖率和市场占有率的变化及原因——图表法。

（2）特殊考核项目情况跟踪，如生动化陈列、新产品上市铺货、促销政策跟踪等——专项跟踪监督表格和其他管理工具。

（3）上月月度分析报告中的各个关键项目跟踪——对比法。

（二）销售分析

陈泽说："虽然竞争对手上个月在我们推出促销活动10天后才推出类似活动，但不能忽略的是，他们准备在本月推出新产品，这个新产品以低价入市，在渠道做促销，不针对消费者，目的是为了形成产品组合，抵御我们的促销。如果竞争对手将产品捆绑铺货，就会找到我们的终端软肋，所以，我们能不能在竞争对手新产品上市之前，抓紧时间、集中力量，在终端实施生动化陈列方案，进行终端拦截……"

很多主管、经理，甚至是大区经理、总监级人物，都很少使用分析工具。其实，除了大家熟悉的SWOT分析工具外，分析工具还有很多，但量化分析或对比分析是基本原则，尽量避免凭空猜测、主观臆断。调查市场情况时就可用对比调查法，可将本企业的信息与得到的竞争对手的信息对比。市场部经常采用加权评分法，通过将一些不成体系的数据资料用统一标准评分，确定每个指标的重要性（权数），得出量化后完全可以比较和分析的指标。

销售分析内容包括销量分析、费用（财务）分析、价格分析、渠道分析、促销分析等，如果大区经理能熟练运用分析工具，完全有可能将上述分析因素整合在一起。

很多大区经理甚至是所有一线业务员都害怕与财务部门打交道，也不喜欢与市场部打交道，除了部门的具体工作目标不同（但销售产品的总体目标相同）外，还缺乏沟通。如果在月度分析报告会上，各部门人员互相交流意见和建议，无形之中会为大区经理扫除很多沟通障碍，在具体执行问题上也易达成一致。

（1）销量分析：对比分析法、内部因素分析法、关键点分析法、竞争因素分析法等。

（2）费用（财务）分析：投入产出比率法、促销活动评估法、边际利润法等。

（3）价格分析：渠道各层级的进出价格与利差分析法、竞争对手价格对比法等。

（4）渠道分析：渠道地图分析法、经销商渠道结构分析法、ABC层级分析法等。

（5）促销分析：促销效果、费用评估分析法等。

（三）内部管理回顾

陈泽说："我们为什么只能做'开盖有奖'等经销商就能做好的促销活动，很少做终端场所的活动，如陈列奖励、单品奖励等。除了人员短缺、不能控制各个销售点，没时间检查工作外，流程也有问题，如对终端场所情况做出快速反应，终端希望我们一周后兑现承诺，而按照我们的流程，两个月后才有可能兑现承诺。我准备让各大区经理建立督导机制，每月提出困难，便于及时解决问题。”

销售部重市场不重管理，有“只要销量好，谁也管不了我，天王老子我也不怕”思想的业务员大有人在。所以，企业在月度分析报告会议上要“拨乱反正”，将提高内部管理水平提上重要议程。因为营销业绩的好坏取决于人员素质和团队整体的战斗力。

国内企业的大区经理经常抱怨企业的管理没有流程、人浮于事，非常紧急的事情往往在内部被无限期拖延……这是大区经理取得公司领导层和各部门人员支持的好机会，也是大区经理自省内部管理是否存在问题的机会。大区经理向公司领导、相关部门汇报情况，考虑他们的意见，可以弥补这方面的缺陷。

（1）流程回顾。

（2）人员管理及人力资源回顾。

（3）基层执行力回顾。

（4）机构管理回顾。

（5）人员考核与激励回顾。

（四）下月计划

下月计划的部分工作内容，可能是早已经安排好的，但在分析报告中依然能做文章。如通过前面的分析，大区经理可初步检验工作计划，让大家讨论是否可行，以便对不合理的计划做出调整。通过月度分析报告及报告会，能发现问题并找到问题的症结；通过“头脑风暴”找到具体解决措施。

企业可规定销售经理向大区经理汇报、基层主管向销售经理汇报工作中，“上下同气”，就能提高企业的营销管理能力了！

3. 大区经理如何做市场规划

都说有调查才有发言权，大区经理必须在了解各区域市场的情况后再做规划，但是从何处下手呢？

李经理升任华北地区的大区经理，他原来主管北京市场的销售工作，现在，将天津、河北、山西、内蒙古等地纳入了他的销售版图。他上任以后，第一件事就是了解各地的环境、市场及销售情况等。

李经理找到公司原来使用的市场调查模板，表 7－1 是公司原来的区域市场基本情况表（部分内容）。

表 7－1　公司原来的区域市场基本情况表

调查项目	调查内容		报告表现形式	主要障碍分析	市场机会分析
市场环境	人口/经济 技术/自然	政治/法律 社会/文化	文字描述		
市场总容量	1. 啤酒市场总容量（去年、今年、明年预测增长量） 2. 细分市场的容量及其所占比例（档次、口味、品牌等）		用图表格式 配合文字描述 需注明资料来源 或调查样本量		
销售状况	1. 市场产品/品牌结构 2. 各品牌、档次销量 3. 各品牌、档次两率		用图表格式 新开发市场，此栏填写竞争品牌内容		
消费增长趋势	增长趋势/消费趋势及分析原因		用图表格式 配合文字描述		
……	……		……		

如果李经理要将此表填完，将是一项大工程！该表只是一堆数字和文字说明，由于数据复杂、标准不一等，最终得到的可能是无法进行分析的内容！那么，如何将其变成可供决策的、有用的资料呢？

李经理曾经听过一些著名外资企业的培训案例，它们都是参考模型和工具做决策的，图表直观，清晰易懂。李经理想，既然各个市场不同，就用一个统一的标准将各个市场分隔开。于是，李经理先制定出自己的区域市场的划分标准，他将市场分为垄断型市场、优势市场、均势市场、竞争抢夺型市场、劣势市场，并以覆盖率和占有率为指标考察各个市场，如表 7－2 所示。

表 7－2　以覆盖率和占有率为指标考察各个市场

特点 市场类型	覆盖率	占有率
垄断型市场	近 100%	65%～80%
优势市场	90%	50%～60%
均势市场	60%～80%	30%～50%
竞争抢夺型市场	50%～70%	15%～30%
劣势市场	40% 以下	15% 以下

其实，用市场占有率和覆盖率评估市场，虽然很容易将各个市场区分来，但不能完全以此作为决策依据。因为覆盖率和占有率相同的市场的影响因素不同。李经理认为，可能还有绝对市场空间，也就是市场容量绝对值的大小。一个占有率大的市场的市场空间从份额来看不大，但市场容量绝对值很大。于是，李经理将市场容量绝对值，也就是市场潜在容量加入规划里，为便于分析潜在容量，李经理将其按实际大小分为大、较大、中、较小、小等五等。

当然，外部考核因素还应该分析竞争情况。李经理将竞争情况也加进规划里，并且从最激烈到最不激烈分成五等。

前面都是从外部考察市场，其实，从企业内部，也有一些因素影响市场规划。比如，利润贡献率，带来未来的费用投入、人员投入和产品投放等问题。所以，企业内部因素也必须加进规划里……

按照产品覆盖率、市场占有率两个关键指标对市场分类，属于导向型划分，适用于所有企业，没有独特之处。**要想真正做好对自己的独特的区域市场规划，就要仔细考虑竞争程度、利润贡献率、战略重要性、市场潜在容量等因素。**

这时，市场规划的用户脉络就变得清晰了。李经理召集本区域市场所有的经理及主管，并且邀请公司的财务部门、市场部和公司的领导层，请他们共同评估这几类市场。通过共同打分、评估，最后得出五分制评分表（竞争程度用反向的负数表示），如表7－3所示。

表7－3　五分制评分表

区域市场	市场类型	覆盖率	占有率	市场潜量	竞争程度	利润贡献率	战略重要性
天津	垄断型市场	近100%	65%～80%	2	－3	5	2
河北	优势市场	90%	50%～60%	3	－3	4	3
山西	竞争抢夺型市场	50%～70%	15%～30%	5	－4	2	4
北京	竞争抢夺型市场	50%～70%	15%～30%	4	－4	2	4
内蒙古	劣势市场	40%以下	15%以下	2	－2	3	3

这样，区域市场结构就清晰了，也为李经理做出决策提供了依据。将市场潜在容量、竞争程度、利润贡献率和战略重要性相加，可得出每个市场的总分，分值最高，越值得投入资源。各区域市场重点考虑的问题如下。

天津市场：是第三战略市场，保证利润，提高服务质量，不要做太多的促销活动。

河北市场：如何继续保持优势市场地位，能否取得更高的市场占有率。

山西市场：找到市场潜在容量的开发办法，暂时可不考虑利润贡献率。

北京市场：市场潜在容量与竞争程度相抵，风险与潜力并重，利润贡献率不大，但作为首都市场，有相当高的战略重要性，可在做品牌和市场表现上下功夫，促进市场稳定发展。

内蒙古市场：三年内主要是劣势市场，寻找入市契机，否则，不能投入过多资源。

李经理与各区域经理一起，着重讨论进入各个市场的方法，从而为整个市场打下了良好的战略基础。最后，明确了几个市场的具体销售策略（如产品结构、价格体系、促销、渠道结构等），从而制定了市场规划。

4. 大区经理如何做好销售分析、决策

大区经理张罡看到刚刚交上来的上月销售财务报表的利润栏后，不禁心惊肉跳，担心全年的销售预算不足。7 月份，本应该是公司的销量和利润的“双丰收”季节，却因为一个争论多次并最终实施的促销活动，将全年的利润计划打乱了。

销售分析和决策，是大区经理天天要做的基本工作，就像“吃饭

一样简单”，凭借多年经验，也会总结出一套有效的方法。难道很多大区经理都有分析与决策失误的问题，经常做“错误的决定”？

确实，从现实运作过程和实际工作效果检验，经常存在销售分析与决策的失误的问题。翻看销售经理的销售分析报告就会发现，他们运用的分析方法只有一种——SWOT分析方法。在总结工作时，我们往往会发现这种分析方法存在很多问题。一是形势与实际情况存在偏差，结论容易出错；二是没有量化数据作为依据。

什么样的销售分析工具对做决策有用呢？经过实践与总结，“关键因素+权数评分”法值得大家借鉴。

打蛇打七寸

区域经理一：竞争对手连续几个月没有动作，他们在旺季一定会孤注一掷，业务员已经听到风声了，最近就要有大动作，听说是“买五赠一”，还附带消费者刮卡！所以，我们一定要打击竞争对手。

区域经理二：经销商已经没有耐性听业务员说大品牌的优势了，如果在旺季不给他们更好的促销政策，让他们赚钱，就会影响明年合同的签订……

区域经理三：我认为，旺季来临之前做促销，主要目的是完成今年的销量，我们的产品淡、旺季销量差异很大，现在不做促销，淡季做促销就晚了……

区域经理四：我们做过终端调查，90%的终端老板希望我们在旺季时做促销……

……

张罡回想起当时讨论问题的情形：各区域经理好像非常着急，说出这么多原因，好像非做旺季促销不可。现在想想，虽然旺季的销量压力大，但旺季与淡季的不同之处是有巨大的消费需求。综合评估，该市场根本不需要做促销，做好基础工作就能完成销量、利润目标。

中国有句古话："打蛇打七寸。"是说要找到关键问题，找到影响问题的关系因素。虽然SWOT分析方法能发现问题，但没有指出关键问题。各区域经理指出的都是旺季促销的影响因素，没有谈到或者故意忽略了决定因素——消费者需求。消费者需求是考虑是否应该做促销的决定性因素。

业务员汇报市场情况时，总是将某个对市场影响不大的因素说得非常严重，而对重要的影响因素避而不谈，以图在上级不太了解市场实际情况下，取得更好的促销政策。如果大区经理知道业务员的问题还好，能有效避免决策失误，但很多大区经理都被业务员"骗"了，没有考虑和分析关键因素，次要因素成了影响决策的主要因素！

道理虽然非常简单，但在现实操作中，又有多少企业没在这个问题上吃亏、栽跟头？

很多中小企业，在分析产品销售问题时，容易归因于产品的品牌力不强或者竞争太激烈，很少关注甚至避免讨论"蛇七寸"式的关键问题。以下是营销过程中的关键问题，希望对大家有帮助。

（1）产品类：销售人员经常以产品包装不新颖、跟进竞争对手速度太慢、市场部开发的产品不能满足市场和消费者需求、不按消费习惯推广不同的产品、产品档次低等作为产品销售不顺利的主要原因，很少考虑到产品陈列不当、终端产品生动化陈列效果差等因素。其实，市场部对产品的研发存在问题，远不如终端的产品形象差这一因素的影响大！

（2）价格类：在业务研讨会上，业务员往往以价格比竞争对手高、价差不能吸引经销商作为促销失利的理由，其实，主要因素应该是合理的价值链，从价值角度推断是否能基本满足经销商和消费者的要求。如果不这样做，企业就会陷入价格战中，无法自拔。

（3）渠道类：很多企业将渠道问题归因于经销商的“不听话”“互相博弈”，或者终端进店难。

（4）促销类：很多企业重视渠道促销，忽视消费者促销；重视促销形式，忽略促销内容；每次促销只是更换促销品而已。

（5）组织类：平常只关注组织类型，无论是区域市场下设分公司，还是办事处或者联络处，都不太关注组织内的协调与部门之间的合作，以及执行力。很多企业的营销机构改革常变常新，却不知道应该考虑市场，看市场需要什么样的企业支持，从而设置什么样的组织机构。真正影响产品销售的因素很多，但有时候我们只考虑次要因素，严重影响销售分析结果。

很多企业在做销售分析和决策时，总经理要求大区经理要从什么角度入手，提出问题，列出关键问题清单，列出解决问题的关键词，字数不用太多，把这几个问题的关键解决因素说清楚就行。北京可口可乐公司的总经理就有一个习惯，让大区经理做销售分析报告时，一个问题最多只能有三个关键影响因素，否则，就不是一份好的销售分析报告！

■ 分析决策：科学性与艺术性相结合

找到关键因素、关键问题了，我们就不会走偏。但能否综合考虑各个方面的影响因素？如何考虑？应不应该制定新的销售策略？

区域经理一：现在最重要的问题就是价格，只要价格合适，就是垃圾，我也能卖出去！

区域经理二：向经销商压货，如果压货成功，什么问题都能解决。

区域经理三：你们说的都对，但从现在这个情况看，一级经销商、二级经销商、终端、消费者要得到实惠，这样，产品才能真正流通起来。如果只给经销商更多的利益，我不同意，还不如将利益直接给终端……

每次分析业务时，要么是大家的意见不统一，各执一词、吵得不可开交，最终不了了之；要么是领导一个人说了算；要么是看谁说得好，就以谁的意见作为决策依据。

每位区域经理都有丰富的经验，说服他们很难，倒不如确定“七寸”级指标后，使用科学性与艺术性相结合的分析方法，找到应对市场的最佳决策，让每个人都心服口服。如表 7－4 所示。

表 7－4　关键因素评分表

	关键因素 1		考虑因素 2		考虑因素 3		……	小计
决策人	权数	现实评分	权数	现实评分	权数	现实评分		每人评分
经理一	15	7	8	4	10	6		580
经理二	18	6	5	3	7	9		575
经理三	17	8	10	5	3	7		620
主管一	……	……	……	……	……	……	……	……
主管二	……	……	……	……	……	……	……	……
主管三	……	……	……	……	……	……	……	……
……	……	……	……	……	……	……	……	……
总计平均得分								550

注：权数为 100，评分按该考虑因素的现状打分（0～10 分），最高

分为1000分，决策依据的基准值为600分，如果所有人的平均值都超过基准值，则该决策可行。

（1）通过“头脑风暴”，让所有相关人员（基层业务员）参与讨论，提出影响因素。

（2）将所有影响因素按可能影响解决该问题的重要性排序。这时，最好不要讨论，让每个参与人员将自己的真实想法写出来，避免讨论后出现“跟风”结果（本来是这种想法，却附和其他人的想法）。

（3）以100分为总权数，确定所有影响因素的权数，如最重要的因素15分、最不重要的因素6分，并将影响因素按权数排序。

（4）找到各个影响因素的背景资料与信息，如没有背景资料与信息，就与相关人员沟通，让其根据客观情况判断。

（5）统一每个影响因素最好与最坏的标准，如5分制、7分制、10分制，甚至百分制。

（6）让每个相关人员对各个影响因素按照最好与最坏标准客观评分。

（7）将评分与权数相乘，得出总分，超过理想界线（如70分以上）就可执行。

（8）两次确认该方法得出的结果是否存在异议，如有异议，列出充分理由后再讨论。

当然，还可对比分析不同的方案或不同的竞争情况，选择最好的方案，分析自己的产品与市场是否还有机会。最后的综合评分如果在某一基准值（事先确定）之上，就应该举办新活动，如果没达到基准值，即使找到了关键因素，也应该暂时搁置新活动。张总最终的得分是550分，低于基准值600分，所以，该项讨论的结果是不开展活动。

分析与决策无定式，要多思考、多积累

虽然这种方法是客观、公正、全面、主观与量化相结合的方法，弥补了SWOT分析方法的缺陷。但我们建议大区经理，要灵活应用该分析工具，为做出正确的决策打下基础。如果我们长期注重使用分析与决策的方法，在工作中不断积累经验，这样，即使是在情况紧急，需要及时做出决策的情况下，我们也能沉着思考、理性决策。

大区经理是企业的“腰”，“腰杆子硬”，才能让企业更健康。毕竟，大区经理既要执行企业高层的决策，又要让基层有效执行该决策，需要有相当强的销售分析能力和决策能力。

5. 销售总监如何做好区域市场规划

李总监是某食品公司的销售总监，公司准备做全年销售计划。可是，李总监作为一个“空降兵”，他没有在这个行业里工作过。他现在统管全国的区域市场，如何在一个多月内，做好全国的区域市场规划和全年销售计划呢？

近两年来，战略区域市场的观点盛行，企业领导也深感中国的市场太大，每个区域市场的消费水平不同，产品结构也不同。很多企业都知道区域市场规划的重要性，但不知从哪里下手？

区域规划的基础

除了以市场调查为基础步骤，分析市场环境、竞争对手、营销策略

外，企业不能忽略企业的整体战略和区域战略。

为什么要考虑战略？战略决定了企业未来的总体目标，决定了企业在区域市场得到什么。通过实施战略，让各区域经理在各区域市场成功实现某方面的目标。

任何企业都有总体的全年战略，如通过一年的努力，要成为该行业的领先的专业性企业、要在当年扭亏为盈、全国或局部地区的市场占有率超过竞争对手等，这就是我们做好区域市场规划的指引。

所以，李总监应该这样做。

（1）销售管理就是人在市场上执行与指导。所以，李总监的首要工作就是了解公司第二年的总体战略是什么，老板对公司的营销期望有哪些，然后，带着这些问题潜入市场，到各个区域市场拜访客户、走终端、看产品、查竞品，了解行情，了解各个区域市场的差别，知道自己下一步想在该区域市场通过有效运作，要实现哪些目标。

（2）通过了解市场，李总监全面了解各个区域市场的下一个目标——每个区域市场的区域战略。

（3）在确定区域战略的同时，李总监还要趁机与各区域经理研讨，如某些区域市场需要的新产品支持、新广告支持……

（4）李总监要将这些区域战略进行汇总，初步确定资源是否充足。

区域规划主要考虑哪些因素

很多企业在做区域规划时，从每个区域市场计划做起，然后上交总部审核。由于总部不了解实际情况，基本上不会做大的改动。在这种情况下，总部需要考虑以下因素。

（1）市场容量及市场潜在容量。很多企业都关注市场容量的大小，可以通过查资料、拜访经销商、从终端统计得到结果。可是，市场潜在容量是一个未知数，很多企业对它不太重视。其实，区域规划是判断市场未来的前期工作，市场潜在容量也是预估未来的销量。

（2）占有率。占有率反映了企业在该区域市场的能力、表现、市场地位。

（3）竞争程度。竞争程度是区域规划的重要参考依据。竞争，使区域规划必须更理性。因为有的区域市场潜在容量很大，但竞争激烈，在做区域规划时，要么考虑加大投入力度，要么考虑暂时舍弃该市场。

区域规划的决策工具

一般来说，可采用权数加权评分法。权数加权评分法是市场部进行调查的重要方法，该方法能体现公正性，也能关注重点，还能考虑到关键因素。如果能让业务部门了解并熟练运用该方法，将会减轻他们以后的业务分析工作的压力。

李总监应该以战略为基础，以市场潜在容量、占有率、竞争程度为关键指标，利用要数加权评分法，邀请公司的主要高层领导及中层经理参加讨论会，得出区域规划的合理结果。

表 7－5 是李总监经过分析，制定的区域规划表。

表 7－5　区域规划表

区域市场	战略重要性		市场潜在容量		占有率		竞争程度		总分
	权数	评分	权数	评分	权数	评分	权数	负评分	
区域市场一									A

续表

区域市场	战略重要性		市场潜在容量		占有率		竞争程度		总分
	权数	评分	权数	评分	权数	评分	权数	负评分	
区域市场二									B
区域市场三									C
区域市场四									D
……									

李总监让每位参会人员提出意见，规定战略重要性、市场潜在容量、占有率、竞争程度的权数是100分，然后，让所有参会人员讨论每个区域市场的每个指标并评分，可按5分制、10分制、百分制得出每个指标在每个区域市场的最终分数。得到数据后，可与各权数相乘再相加得出总分。需要注意，竞争程度应该负评分，竞争程度越大，对总分的负面影响就越大。

如最终得出，B总分最高、C第二、A第三、D第四的结果，就说明，区域市场二是重点区域市场、区域市场三是次重点区域市场、区域市场一是保持性区域市场、区域市场四是最不重要的区域市场。

区域规划与“4P”的关系

针对各个指标做出决策，如战略重要性得分高，考虑增加人员和资源，加大渠道改革力度，提高对经销商、终端的服务质量；市场潜在容量大，可增加新产品、构建合理的产品体系，或者分小区管理，将市场潜在容量变成自己的市场容量；占有率高，加大市场投入，精耕细作每个终端，让其引进还没销售的产品，加大海报和促销品的投入，甚至开展深度分销或直销；竞争程度强，增加战斗品牌，投入更多的人力、物力，封锁经销渠道，或者定位为终端专卖品等。

总之，规划是为了更好地制订营销计划，执行营销计划，并且在找到关键问题的情况下，更快地实现自己的战略目标。

■ 区域规划与组织机构的建立

在原来的机构基础上，有针对性地做出调整，如有的区域市场原来投入多，但没有做好，现在成为不重要的区域市场，企业要将原来的分公司或办事处降级，同时，抽调一些人员到重要的区域市场；有的区域市场则增设营业机构，甚至全面调整区域市场。

区域规划最终由人实施，如果机构设置不合理，人员安排不充分，就不会取得良好的效果。

李总监通过以上工作，有理、有节地实施了区域市场规划，解决了明年的整体规划问题，

6. 案例：企业如何建立销售培训体系

小阳是在一线销售岗位上工作十多年的销售精英，现在是C公司的销售培训部经理。C公司是一家新兴公司，人员需求大幅度增长，提高人员能力迫在眉睫，公司却没有提高人员能力的经验。领导给小阳下了死命令，必须在半年内建立公司的销售培训体系，不仅包括总部的销售培训规划体系，还包括下属公司的销售培训分支体系等。要支持没支持，要经验没经验，小阳怎样才能把销售培训体系建立起来呢？

■ 先动起来——寻找素材

小阳搜集公司原来的、零散的销售培训教材，将其整理到一起，对一些已不符合现实情况或老套的理论做了初步的修改。

由于自己有丰富的销售经验，他总结了自己曾经操作过的深度分销项目，拟订了《深度分销手册》，把它作为培训教材和操作手册；总结自己操作过的解决渠道冲突的成功经验，将它作为区域市场管理中的案例分析的重要内容。

这时，小阳心里只有一个想法——实践出真知，基本的培训教材已经有了，先做基本业务培训。于是，他经领导同意，向下属区域分公司发出培训文件。

在下属区域分公司培训的过程中，他一边做基本业务培训，一边在课堂上收集特殊案例。他有计划地要求业务员提供各类案例，得到了培训最宝贵的东西——素材。如表 7－6 所示。

表 7－6　各类案例汇总

案例类型	走访调查	新产品上市	价格体系	渠道选择	消费者促销	渠道促销	区域开拓	对抗竞争	组织机构设立
正面	2	3	2	4	3	5	4	3	1
反面		1	2	1		1			

■ 找到销售培训体系的支撑——明确方向

小阳所在公司的销售系统复杂而分散，公司成立了销售发展部研究销售发展方向，指导区域分公司的销售工作。于是，小阳邀请他们共同研究销售培训方向。

通过沟通与讨论，小阳最后与销售发展部确定了近期销售培训的主要方向，如表 7－7 所示。

表 7－7　销售培训的主要方向

类别	日常管理	销售技巧提升	职业素质提升	渠道发展	销售能力提升
人员	基层、中层	基层、中层	基层、中层	中层、高层	基层、中层、高层

■ 实际与理论相结合——制作新教材

小阳如何在现在那么多的营销理论中，找到合适的营销理论，并在此基础上形成自己的营销理论体系呢？

小阳一头扎进书店，在经管、营销类书架边“扎根”，翻遍各类营销书籍后，他选择了一些对其编写培训教材有用的书。他将在各区域市场做培训时，区域分公司安排的培训助理召集到一起，在一个安静的地方，讨论编写培训教材。如表 7－8 所示。

表 7－8　培训表

类别	日常管理	销售技巧提升	职业素质提升	渠道发展	销售能力提升
人员	基层、中层	基层、中层	基层、中层	中层、高层	基层、中层、高层
题目	4、2	6、3	3、2	5	3
课时	6、3	9、5	5、3	7	5

■ 总部与分公司合作——制订全盘计划

小阳与下属区域分公司经过讨论，决定依照培训方向与教材，制订销售培训三年初步计划和当年具体计划，如表 7－9 所示。

表 7－9　销售培训三年初步计划和当年具体计划

类别	日常管理	销售技巧提升	职业素质提升	渠道发展	销售能力提升
时间	一年	一年	两年	两年	三年
人员	基层、中层	基层、中层	基层、中层	中层、高层	基层、中层、高层
区域市场	A、B、C、D、E	A、B、C、D	A、B、C、D、E	A、C、D、E	A、B、C、D、E
时间安排	A： B： C： D： E：	A： B： C： D：	A： B： C： D： E：	A： C： D： E：	A： B： C： D： E：
讲师	总部： 分公司：	总部： 分公司：	总部： 分公司：	总部： 分公司：	总部： 分公司：

小阳还根据区域分公司的情况，对区域分公司自己安排的培训做了调整，如表 7－10 所示。

表 7－10　区域分公司培训表

类别	业务入职培训	业务技巧培训	专项培训 1	专项培训 2	专项培训 3
人员					
课时					

■ 人员培养与培训——内外结合

由于公司的业务急剧扩张，区域分公司对培训有了更高的要求。于是，小阳按照公司要求，抽调了一个有潜力的区域分公司的销售经理做自己的助手。

由于区域分公司一般都没有自己的培训组织，只能让销售精英抽空做兼职培训师；请培训公司做培训，但效果不好。小阳在区域分公司做培训时，接触到一些有潜力的内部人员，在自己成立销售培训部时，将他们调到销售培训部。

成立销售培训部后，小阳有了经费。他找了一家经验丰富的培训公司，为销售培训体系的员工做了一次非常专业的“TTT 培训”。

■ 轮番试讲——滚动式改进

小阳安排大家到各区域分公司试讲，让没有讲过课的培训师锻炼胆量、积累培训经验，以便顺利开展工作。

第八章　市场操作要点、方法

1. 如何运作县、乡级市场

县、乡级快消品市场的市场营销方法独特，由于中国的市场营销理论全部是从西方引进的，完全是西方的城乡一体化的市场操作方式，所以，不符合中国县、乡级市场的实际情况。运作县、乡级快消品市场，在中国，才刚刚起步。

■ 县、乡级市场特点

县、乡级市场与城市市场的特点不同，如表 8－1 所示。

表 8－1　县、乡级市场与城市市场的特点（部分）

项目	县、乡级市场	城市市场
区域市场	分散、按地势分布	集中、条块型
产品	单一、低档	齐全，中、高档
价格	低价格主导市场	价格分层明显
流通	批量大、次数少	批量小、进货频繁
淡、旺季	明显	越来越不明显
经销商	综合型、村长亲戚型	专业型
渠道层级	长、宽，交叉多	短、窄，交叉少
消费场所	非现场消费多	现场消费多
终端分布	分散	集中

■县、乡级市场运作思路

（一）项目开发组织与“车销”

项目开发组织就是开发别动队，县、乡级市场具有分散性、间歇性，我们很难成立一个专门的销售组织为这个市场服务。所以，成立一个临时性项目开发组织进入市场的效果比较好。

一是抽时间，集合其他区域市场的业务员共同开发市场，进行“地毯式集中扫荡”。

二是找到有针对性的市场开拓办法。两三个固定人员、七八个临时人员为宜，特别适合管理十几个人的销售队伍，而十几个人又分布在3～5个区域市场的业务部门经理负责这方面的工作。

“车销”是很多著名外资企业开发新市场的重要手段。可口可乐公司就曾利用这种手段成功地开拓了郊区、郊县及边远地区的市场。很多已经成规模或规范的企业都在实施产品预售制，但预售制只适用于规范、成熟的市场；“车销”式的现售制适用于开拓市场或不规范的市场。**集开发、销售、配送、服务于一体，将产品最快地送到终端和消费者手中，**是解决距离远、销售点分散的好办法。

如果在建立销售结构组织上采取灵活，但又能集中力量开展活动的形式，在销售模式上采用“车销”模式，县、乡级市场的开发问题就会得到解决。

（二）办事处与大区域经销商销售

开发市场时，我们可能找到几个潜在经销商，我们应该在与他们交流、达成合作意向的情况下趁热打铁，取得实质性进展。

与经销商合作后，我们可将原来进行“车销”取得的终端和市场资料交给经销商，以支持他们迅速发展，结合他们的市场服务能力和企业的未来发展规划，让他们获得比较大的销售区域市场，尽快渗透市场。

如果企业还有资源，可在此时，设立一个正规的销售组织，如办事处或联络处，增强经销商的信心。这类办事处可设立终端业务员、经销商业务员，如果有条件，还可设立一个市场专员的职位，帮助经销商做出销售决策和开展市场活动。

（三）协助分销模式与“1+X”渠道类型

当经销商投入大量的资源开发和维护市场，接受了公司的销售理念，能就很多市场问题积极与公司探讨，并且主要经营公司产品时，我们就可将经销商推向前台，企业成为操作市场的后台。

这时，我们可以采取协助分销的模式，帮助经销商在市场上拼搏，我们提供人员、财务、车辆、仓库、信息等方面的支持。我们还可引导经销商管理终端，选择有条件的下线客户，维护部分重点终端。

“1+X”渠道类型是企业由粗放管理逐渐向精细管理转变。原来，粗放型渠道类型可以有一个总经销商，或有多个有条件卖货的经销商，条件成熟后，向“1+X”模式转型。也就是说，县、乡级市场虽然分散，但县级市场集中一些，我们可以在县级市场选择一家一级经销商，在各乡选择一两个二级批发商，通过企业和县级经销商的共同管理和维护，从而全面渗透和开发市场。这就是所谓的“1＋X”渠道类型。

协助分销模式与“1＋X”渠道类型比较适合县、乡级市场的销售渠道组合。其实，渠道、经销商是县、乡级市场最关注的“4P”要素。

（四）以渠道和推广为主

县、乡级市场在现阶段还是以渠道和推广为主，虽然产品、促销、广告呈现出多样化趋势，向城市市场看齐，但现阶段，仍然可以通过渠道取得竞争优势。我们只要抓住渠道和分销模式的特点，尽快找到贴近消费者的方式，就有可能取得成功。

县、乡级快消品市场的操作模式，是一个需要不断在实践中摸索、不断发掘的市场运作模式。如果能掌握它的操作方法并找到运作策略，中国的县、乡级市场还是大有作为的。

2. 三、四线市场如何做促销策划

三、四线市场是中国最广阔的市场，潜力巨大，许多企业在开发一线市场的同时，也在关注三、四线市场，希望能够打开这类市场，取得成功。

三、四线市场需求有一定的特殊性，我们不妨从三、四线市场的消费者平时的生活习惯开始研究？这样，三、四线市场营销就会有章可循。

■“做菜需多放酱油”——促销形式与表现力求“上色”

三、四线市场的消费者喜欢颜色艳丽、喜庆的东西，就像做菜一样，他们喜欢多放酱油，这说明三、四线市场的消费者易被“外表”吸引。所以，三、四线市场的促销展示力求醒目。如现场搭台演戏，三、四线市场消费者将这种“大型节日”当成享受；促销广告形式要喜闻乐见；要讲究民风民俗，使产品和消费者零距离接触。

很多三、四线市场的促销活动常用方法如下。

（1）锣鼓队和大篷车表演（如宝洁公司）。

（2）送春联、福字联络感情（如可口可乐公司）。

（3）大幅墙体广告（如长虹电视）。

当然，还有很多在现实应用中取得实效的方法，如现场抽大奖等。总之，促销形式喜闻乐见，就能得到消费者的青睐！

■“要耕田，先下肥”——促销手段注重“实在”

三、四线市场特别是三线市场，消费者还处于满足需求阶段，产品不需要有太多的功能，所以，他们购买产品时，第一考虑要素是产品“实在”“管用”。

企业在策划促销活动过程中，要注意体现产品“实在”的特点，告诉消费者：不做大量的电视广告是为大家省钱，直接销售节省了中间费用，提供简单、大容量包装是为了实惠等。

三、四线市场的促销手段如下。

（1）赠品多，并且是日常必需品——买锅送铲、盆、碗。

（2）免费赠送试用装——免费品尝饮料，免费试用小包装牙膏。

（3）加量不加价——买 500ml 产品加送 500ml 同款产品。

（4）“现场即刮”，即送现金——一个啤酒瓶盖可兑 0.5 元。

（5）包装兑奖——三个包装可换一个新产品。

（6）抽大奖——一包产品 10 元，有机会抽中摩托车。

当然，随着三、四线市场的消费者对产品的认识深化，他们现在不只关注“实在”，还关注产品的“适用性”。企业要在“实在”与“适用性”之间找一个平衡点，避免消费者将企业送赠品当成“拿更多的钱买没用的产品”。

■“买东西，图便宜”——“降价促销”

三、四线市场的消费者，收入不高，所以，他们会对价格很敏感。所以，很多企业干脆降价，降价也是一个好办法。

三、四线市场的促销活动比较单一，业务部门在市场部制订促销计划时会说：“消费者就认价格，价格低的产品好卖，直接做降价促销效果好。”三、四线市场的促销政策多是“产品搭赠”：“买十送三”“买一百送四十”等。在没有竞争或者竞争不激烈的时候，产品由经销商分销；但竞争激烈时，企业往往会走进死胡同——打价格战，价格越卖越低，产品没有质量保障，消费者就购买竞争对手的产品；高附加值产品根本就没机会卖出去，该市场成了“鸡肋”市场。

■"只在赶集日买东西"——选好促销时间

我们不妨把赶集称为核心销售日，因为它是企业做促销活动的最佳时机。在核心销售日，企业要尽量投入资源，如抽调其他区域市场的业务（促销）员，借用公司的车辆、音响、舞台等工具，横幅、促销品、海报等资源。

其实，我们没必要天天做促销活动，如果我们选择好促销时间，也能取得同样或者更好的效果。核心销售日还包括正常节日，三、四线市场特有的节假日（婚庆、升学等）。

■"喜欢名牌"——促销先期工作，做出品牌的感觉

名牌能满足消费者的购买期望，并不是只有一、二线市场的消费者喜欢名牌，在三、四线市场，如果将促销活动做成品牌推广活动；如果能在产品促销活动之前，先期做出品牌效应，就会取得良好的效果。

在三、四线市场里，营造品牌的途径、手段与一、二线市场可能不同，如三、四线市场更倾向于投放电视广告等。所以，我们先期可通过品牌造势，让消费者接受该产品。

（1）品牌造势。

（2）用"第一""大""可能是最好""巨资打造"等渲染气氛。

（3）明星效应：著名明星××是该产品代言人，他（她）也使用公司产品。

其实，品牌营销也可以通过现场讲解、使用产品、答疑等，让消费

者相信产品并产生购买欲望，这也是一种有效的方法。

3. 年底如何冲量

除了拥有供大于求产品的企业，大多数企业的销售压力比较大、销售指标较高，存在月底或年底冲量的现象。

我曾经在结账日当晚与下属工作到凌晨六点；也曾在领导的一声令下，带领五个分公司的业务员完成当年的销量；也在年底的最后一天，取得出货十几万箱的“辉煌”业绩，这些都是冲量的表现。冲量行动能够圆满完成，得益于企业整体冲量行动的正确性和强大的执行力！无论如何，领导的冲量命令一下，我们就必须在合适的时间、合适的地点、有一支合适的队伍的前提下，打好冲量仗。

由于渠道本身有“蓄水”作用，企业在销售过程中进行适当的冲量是可取的。在执行过程中，相对于普通的销售行为而言，冲量行动很重要，企业要将冲量政策执行到底！

■ 执行时间——“世界有末日”

很多企业在执行冲量政策时，经常因为在规定时间内没有实现冲量目标而将冲量政策延长。有的企业会给大客户或提货能力有限、仓储能力有限的客户给予特殊照顾，如可以延期提货；有的企业先将订单开出来，由于客户要不了那么多货，将本年度的订单推到第二年送，但还算第一年的销量；有的客户先交钱，分两三次甚至两三个月提货……这些都是不重视执行时间的表现。

很多企业不但不认为自己策划失误、考虑不周到，而且还美其名曰及时调整策略。其实，经过仔细分析，我们就会发现，这是企业的营销舞弊行为！账面的销售数目远远大于实际销售数目，借机向重点客户或关系客户争取政策，实际上，在并未完成销售任务的情况下，假造成功向董事会或老板交差。不重视执行时间，必然对后续的销售工作带来严重的、破坏性的影响。

企业可利用计算机统一开订单，如果冲量政策到期了，就关闭电脑开单系统。如果企业讲究“人情、关系、协调、变通”，什么时候才能让冲量的时间管理变得科学、可控呢？看来，只有企业及渠道都把冲量的政策期限当作“世界末日”，才有可能改变现状。

■ 执行地点（区域、渠道）区隔与平衡——“条条道路通罗马”

很多企业执行冲量政策时，只是向特别大的经销商或渠道（批发渠道、超市渠道）压货，没有考虑区域、渠道或客户之间的平衡。有些区域市场销量较好，但不执行冲量政策；有些区域市场销量差，但企业依然要它执行压货政策……最终导致窜货，产品根本到不了终端或消费者的手里！

当然，重点市场重点投入、重点客户重点维护，这无可厚非，但我们发现，企业现在的区隔本领非常有限，还不如踏踏实实做好平衡工作。同时，企业根本没有想到销量目标应该是一个整体目标，而不是单个渠道、区域市场的销量目标。中国的层级管理观念和部门结构，虽然经常使我们陷入单独冲量的误区，但营销是一个整体，不能分割。所以，**依据整体的销量目标执行压货冲量政策，需要的资源更少，后遗症更少，也更有效果。**

■ 执行人员——“上下同气”

我们看到基层管理人员和基层执行人员很着急：“怎么办！如果不采取措施冲量，今年的销量目标肯定完不成！”而大区经理、总监、销售副总或总经理并不认为冲量跟他们有关系，业务员只要执行好他们的政策就行。

其实，**冲量的“量”的达成、“量”的结果由业务员负责，但冲量行为的“质”应该由领导层负责！**业务员只对自己的客户、渠道或区域市场负责，领导应该对市场的可持续发展负责。

■ 执行部门——“全民皆兵”

冲量行动绝对不是销售部一个部门的事情，需要整个企业“倾巢而出”。很多时候，我们看到：财务部门不配合，不能满足客户的赊账或承兑需求；仓储部门不配合，随货配送的产品或礼品几个月后才能到位；生产部门供应不及时，某个非常紧要的产品突然断货了；市场部的新海报根本没做出来……

有时，企业可以通过断货将一些品牌力较弱的产品“炒红”，但在冲量的关键时期，生产部门突然断货、财务部死掐、运输部车辆不足、市场部还在写“市场反映良好”之类的报告，而不给销售部提供资源时，冲量行动就会以失败而告终。

■ 执行协议——“丑话说在前头”

冲量行动等同于临时吃药，虽然即刻见效，但也容易引发后遗症。特别是大量的客户囤货可能引发价格体系混乱、跨区跨市场窜货、低价甩货、过期货等问题，有时甚至导致市场崩盘！有的企业早就想到了这点，在开始冲量行动之前，就与客户约法三章，重申市场纪律，杜绝了这些可怕的市场问题。

企业要与客户签订协议，这批货压进客户仓库里后，必须遵循协议，如在一定期限内售完、按一定价格流通、不得跨区域砸价、不得擅自做促销活动等。否则，将受到处罚。也就是说，客户进货后，一切后续事情必须循规蹈矩，否则，客户要负全责。

当然，企业可以在冲量协议中明确双方的权利、义务、责任、执行步骤，以及奖励与惩罚办法，甚至可以委派业务员现场监督，尽量将冲量的负面影响降到最低。

■ 执行、跟踪、监督、反馈——“一切尽在掌握中”

执行队伍在开展冲量行动时，不但是执行人员，而且是监督人员，企业如果能建立专门的跟踪队伍就更好了。

冲量是一种极端的销售行为，由于冲量行为完全呈现在市场上，冲量时，一般企业都会给予一定的优惠政策。所以，市场很容易出问题，如一些客户联合起来，以图取得更好的政策；客户将货物分流到其他区域市场，以图尽快出货。如果发生了这些情况，“冲量”行动不再是冲量行动，而是“冲市场”大行动。

有时，企业开展冲量行动时，恰好竞争对手也在开展冲量行动，这时，企业要密切关注市场情况，让一线业务员对市场进行“实时报道”，紧密跟踪经销商，搜索本品和竞品的流向。

一些大型而又比较规范的企业，通过使用管理报表将市场信息规范化、系统化，并将这些信息输入计算机，利用软件汇总和分析，找到改进措施，这值得广大中小企业学习。

■ 冲量行动与其他销售活动配合——避免“万恶乱为首”

很多企业在采取冲量行动时，客户有可能正在享受其他的销售政策，业务员假装不知道，企业也有可能茫然不知，不但白白地浪费了资源，还不知道如何处理同一客户同时享受好几种政策的问题。有时，客户由于同时享受几种政策，或者无暇顾及，或者根本不知道企业到底想要干什么而干脆置之不理；经销商根本就没有同时执行几个销售政策的能力，被弄得晕头转向，不知如何运作市场；几种政策有冲突，企业不知道如何兑付、返利等。

结果，冲量行动反而成了搅乱市场的罪魁祸首！

企业的销售活动可以进行有效整合，从各项正在实施的销售政策中找到一条主线，然后使各项政策形成互补，不仅会使市场运作井然有序，还能节省有限的销售资源。

■ 冲量与下一阶段的执行——“明天还要继续”

执行不彻底，肯定影响下一阶段的工作。而很多企业完全不考虑这一点，总是宣称："完成这个铁定的指标再说，以后，谁敢打包票呢?"这也许就是很多企业在冲量过程中不顾后果，造成冲量过后产品几个月"不动"、销售没有起色、市场越来越难做的原因。企业不但没有很好地利用经销渠道的"蓄水池"功能，反而使冲量变成了冲击市场的黑手，将市场推向"冲减销量"的深渊!

4. 如何做好团购业务

每当节日临近，企业就为团购绞尽脑汁。团购曾让我超额完成任务，也让一个非常优秀的分公司经理摘下乌纱帽；帮助我处理过一批又一批的临期货，也让我差点掉进经销商的团购陷阱。

团购，做得好是另辟蹊径，业务成绩突出，企业、员工，以及团购单位都能获得利益，皆大欢喜；做不好，就会出现很多问题，甚至惨淡收场!

说到底，团购只不过是特殊时期（或者特殊环境下）的特殊业务的处理办法而已。团购机会可以创造、可以发现，但市场本身必须有一次性大量购买产品的需求。

我们先了解团购的关键问题，以便更好地处理团购业务。

■ 问题一

有团购订单时，很多企业既高兴又彷徨，高兴的是拿到了一个大订单，可超额完成任务；彷徨的是没有这方面的经验，不知如何处理。有时为了拿下订单，主管领导为了满足团购方的要求，会给予很高的折扣和优惠。一般来说，长期合作的经销商的折扣只有1%，而团购折扣最高可达3%。

解决思路： 很多快消品企业正在对其终端进行细致划分，而这些企业基本上都把团购当作KA的业态处理（KA就是重要客户）。看来，团购业务的处理办法，可能与大客户（超市、重点餐饮等）无异。企业在处理团购业务时，除可以单独谈一些特殊条件外，优惠额度大可与KA客户相同。

由于团购业务客户不像KA或其他客户那样，与公司建立了良好的业务关系，所以，领导重视（如亲自关照或亲自拜访）无可厚非，但不可打乱原来的业务体系，如返扣、政策。

切记，**团购业务本来就是可遇不可求的，企业不可因团购业务乱了方寸。**

■ 问题二

很多经销商由于长期从事经销业务，可能与政府机关、银行、学校等有大单业务合作，也与它们建立了比较紧密的团购业务关系。由于这些机构一次性要货量大，经销商可能会不失时机地找企业要团购政策，如果企业不给，经销商就以完不成本月销量威胁，甚至以用竞争对手的产品作为团购产品威胁。

解决思路： 一般情况下，企业可单独给一些促销礼品加深与经销商的感情，而不是给予特殊的政策，如搭赠、折扣等。如果企业不细究团购活动的真实性而轻易给予特殊政策，很多经销商必将虚报或假报团购项目，还有可能利用特殊政策窜货、砸价。

如果这项团购业务对企业很重要，企业可要求经销商让团购单位开具单位发放福利等证明，甚至是让经销商与团购单位签订一次性合作合同，确定该团购的真实性后，企业可给予特殊政策。

■问题三

一些企业在市场上做促销，为避免乱价和窜货，经常在做搭赠促销活动时，将知名企业的名牌产品作为搭赠品，以极易流通或变现的产品为主，如饮料系列产品、日化系列产品、食用油类副食产品。于是，这些要做促销活动的企业找到有这类产品的名牌企业，以团购的形式采购产品。最终，这些知名品牌产品虽然因团购业务提高了销量，但价格也因捆绑促销越卖越低。

解决思路：这种类型的团购最终会产生“异业联合（促销）”，如果控制不好，极易出现问题，会损害名牌产品。因为作为搭赠品的名牌产品既可流通，也可变现，还可以被经销商、终端老板或者消费者自己使用，也就是说，去向有几种，企业不容易控制其流向。所以，这些以团购为由，被一些企业当作搭赠品的名牌产品可能与企业正在市场上正常流通的产品产生冲突，包括货源冲突、价格冲突、区域冲突等，给企业产品的正常流通带来负面影响。

解决这类问题的最好办法是分批给货，让货物不在渠道上沉积，保证产品到达终端或者消费者手中；在做超市做促销时使用，便于两家企业、消费者，以及超市多方监控。

企业一定要杜绝经销商将产品与搭赠品分开卖，这样会使作为搭赠品的名牌产品的价格越卖越低。

■ 问题四

在洽谈团购业务时，企业经常面临一个难题，那就是，对方谈判人往往要求一定的回扣，并要求现金兑现，这让业务员很为难。小企业还好说，老板一个人说了算。稍大一点的企业，财务制度非常严密，一般是不允许给客户现金的。结果，业务员放弃不甘心，不放弃又不行，有时不得不违规操作，最终出现财务问题。

解决思路：其实，这是一个基本业务常识问题，也是一个处理业务问题的权限问题。在这种情况下，先看企业有无这方面的规章制度，有，按规章制度处理即可；没有，可向领导汇报实际情况，说明情况后，由领导决定。

我建议业务员与对方谈判人直接表明企业的态度，共同寻找解决办法。有的业务员铤而走险，自己先掏腰包给对方谈判人回扣，然后再将返利的货物卖出去，从而收回现金；或者扣留其他货物的货款，最后与财务部门发生冲突，这都是不可取的办法。

■ 问题五

很多企业苦于找不到团购单位，又不想放弃这项业务。于是，利用电视广告或平面广告，在广告上注明如有团购需求，可拨打公司的团购电话。但是，收效甚微，往往招来广告公司，根本招不来团购单位。

解决思路：在这种情况下，企业除公布团购电话外，还要让业务员主动寻找团购单位。

■ 问题六

很多企业在获得团购订单后，将货物一次性全部发出。结果，没过几天，这批货就在批发市场或其他流通场所出现。

解决思路：发货时与对方协商好，多次送货，最好不要让客户自提，尽量降低团购可能带来的风险。如果能做到团购订货量最大化、送货量最小化，团购业务就不会出现大问题。

■ 问题七

很多超级市场都有大客户部，都在拓展自己的团购业务。超级市场要求企业给予更高的折扣，而企业在超级市场里的投入已经很多了，还不得不为超级市场自己的团购业务买单。结果，企业与超级市场的合作很不愉快。

解决思路：道理上，这是超级市场自己的事，与企业无关，如果实在没办法解决，可以在合同中注明合作内容；企业干脆明确超级市场不能开展团购业务，所有的团购业务由企业开展。

第九章　营销创新案例解析

1. 天湖啤酒：少招人也能做好营销

中小企业的老板很怕招营销人员。招新人进来，短期内产生不了业绩；招有经验的行业高手进来，费用太高，他们也未必符合企业的要求；营销人员不好管，大批人招进来后，管控不好，如同“放羊”。

中小企业的老板一直在想，有没有少招人多办事、少招营销人员也能提高业绩的办法？我只想比昨天更好，不想做行业老大，不需要一统天下，我只想在重点区域市场、重点产品、重点客户等方面取得突破或者稳定发展。

那么，不招人或少招人能做好营销吗？

辽宁天湖啤酒公司的吨酒利润是全国最高的啤酒企业之一。

辽宁市场竞争激烈，天湖啤酒却在抚顺活得很滋润，每年都有十几万吨的销量。

现在的消费者很难亲近，企业每箱产品都要投入十几元做促销，天湖啤酒的促销政策却是每箱产品投入几毛钱，而吨酒利润几百元，年利润几千万元。

啤酒企业都采用人海战术，很多啤酒企业在广东东莞等重点市场都有上千人的营销队伍。可是，天湖啤酒在抚顺市场只有几十个业务员，就取得了这么好的业绩！按常理来说，十几万吨的销量，相当于几个地区甚至半个省的销量，最少也要200多人的营销队伍，吨酒利润也可能不超过100元，甚至是亏损。

是什么让该公司取得如此骄人的业绩呢？是什么让该公司在营销人员很少的情况下，取得这么好的销售业绩呢？

区域聚集

在快消品行业，几乎没有人相信集约化发展，他们宁愿大肆扩张、“跑马圈地”。其实，对中小快消品企业来说，区域聚集可让企业用更少的人取得更好的业绩！

很多企业的一线人员都会说：“所辖区域市场的容量基本饱和，或者该市场是竞争对手的天下，所以，我们要进行区域性扩张，要在周边开拓市场，要多招人开拓新市场……”

真是这样吗？

一个区域市场的消费，本身就是分层、分级的，有高档、中档和低档市场，有些企业甚至将高、中、低分成七档：高档上面有超高档，低档市场分成主流高价、主流低价等。对快消品行业来说，没有饱和的市场。饮料行业从原来的冷饮市场变成冷饮和热饮市场，啤酒也能当饮料卖，瓶装啤酒发展空间小了，就做罐装啤酒；从利乐包产品扩展到塑胶瓶产品，这些都是将市场集约化发展、扩大区域市场的方式。

天湖啤酒公司先开发出主流产品市场，并且逐步向中档、高档产品渗透，打破了很多啤酒企业在一个市场只销售一种畅销产品的做法，每个消费层级都有畅销产品。天湖啤酒公司将各个分层、分级的市场开发透了，销量当然是其他企业的好几倍。

其实，对中小企业来说，不要只看大企业的扩张，雪花啤酒也是在有了沈阳、成都、武汉、合肥等市场后，才有了全国性扩张的底气。

在战略性区域市场内，少招人，即使企业目标再高，只要深挖原来的渠道，并不需要增加太多人，业绩同样能增长！

■ 产品线开发

产品线是少招人，也能完成任务的重要手段。很少有企业做产品线开发工作，而是做相同价格、同质化产品的堆砌工作。天湖啤酒公司则不同，如图 9－1 所示。

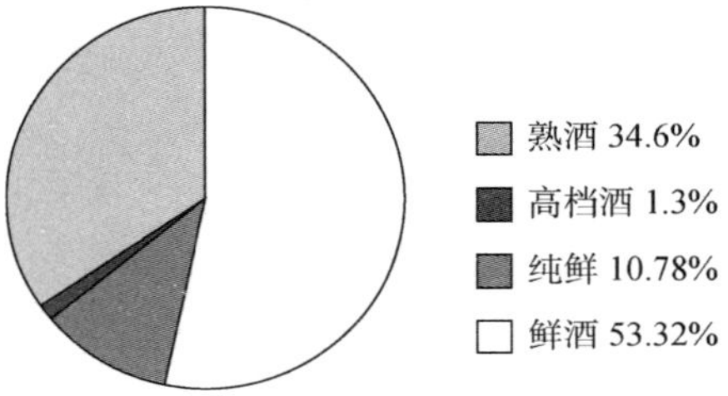

图 9－1　天湖啤酒公司的产品线开发

■ 试点再复制

试点再复制是人力、物力不足的情况下，最好的业务运作方式。

雪花啤酒近年来的发展有目共睹，最成功的套路就是试点再复制。试点再复制使半路出家的雪花啤酒解决了人力资源短缺的问题。其实，雪花啤酒从 2003 年开始，当时只有四个人做全国性推广工作！四个人的部门，使雪花啤酒实现了现在的全国性领先企业的神话。

对中小企业来说，为节省人力、物力、财力，试点再复制过程，也可与大企业不同。通过试点获得经验，总结经验，培训经销商，或组织各地经销商到试点参观，让经销商按该方式运作市场。

■ 分销协作模式是好招

分销协作模式，即企业的区域经理与经销商的业务员相结合的模式。图 9 – 2 是百事可乐的分销协作模式。

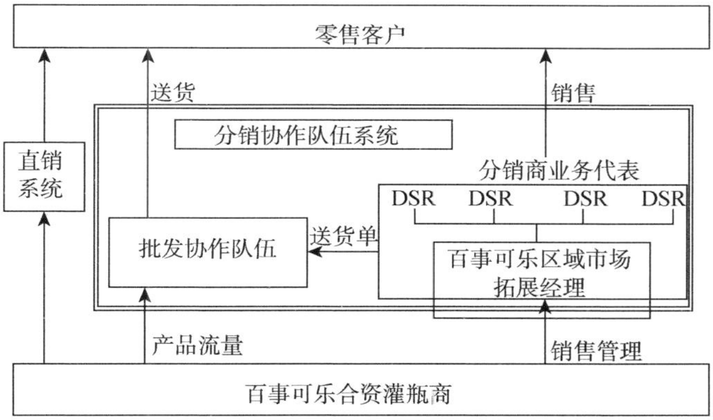

图 9 – 2　百事可乐的分销协作模式

20 世纪 90 年代，分销协作模式是百事可乐让可口可乐紧张的法宝。因为该模式，百事可乐在最短的时间内、投入最少的资源，就占据了市场。

当然，还有很多方法，能实现少招人也能做好营销的目标。但是，只要利用以上几大模式及抓住重点，企业即使少招人甚至不招人，也能做好营销！

2. 珠江啤酒：把啤酒当饮料卖

2012年前四个月，据各方非正式消息反馈，大多数区域市场的啤酒销量都在下降或很难增长。许多企业归因于天气，如下雨、低温等，导致消费需求减少，很多企业在6月份卖的还是春节前生产的产品。

可是，珠江啤酒的东南区域市场（包括粤东、江西、福建、华东等地区），却能逆势而上，销量增长率近50%！是什么原因让其销量突破行业发展受阻的藩篱，成就了发展的神话？

通过对啤酒消费习惯的调查，在饮料渠道销售啤酒，是其成功的重要原因之一。

■ 无处可逃——惯性思维对创新的羁绊

啤酒行业有现饮终端和非现饮终端一说，这与其他行业不同。为什么会在所有的快消品行业的终端类型里，该行业有这种分类呢？这源于消费者有现场购买现场消费和现场购买异地消费的习惯，如餐饮、夜店、酒吧等属于现饮终端，而小卖部、KA（超市及卖场等）、便利店等属于非现饮终端。

在我国，现饮终端和非现饮终端南北差异明显。北方天气寒冷、户外消费不便，消费者在终端购买产品并在另一地点，如家里或其他区域（烤羊肉串小摊处）的非现场消费是主流；而南方，天气炎热，且流动人口多，交际机会多，现场购买现场消费成为主流，很少有人买啤酒回家独酌。地域消费差异使啤酒企业认为，啤酒营销创新难。

啤酒行业一直有运输半径的说法。运输半径只有几百公里，超出这个半径，企业运作成本偏高。所以，啤酒企业只在生产厂周边销售，只满足当地消费者需求，通过再来一瓶这种简单的消费者拉动方式就能实现销售。

当然，还有很多行业的认知与运作问题，影响啤酒行业的营销创新。如啤酒毛利低，因而没必要进行战略性区域市场运作，必须进行大区域、大流通、大批发，才能实现快速销售，没必要像饮料巨头那样精耕细作到每个终端；不需要与消费者沟通，只要用专场费锁住终端或包场，就能实现封闭式销售了……最终，啤酒行业由于竞争激烈，销售靠硬推，业务员苦不堪言。

■ 世上本就有路——从最熟悉的地方思考

珠江啤酒东南市场事业部同仁想到：啤酒行业还有一个特点，就是啤酒包装分为罐装与瓶装。饮料行业包装也分为罐装与瓶装，对比啤酒行业与饮料行业的罐装与瓶装销售方式，看啤酒行业是否有创新的可能？

（1）饮料行业新产品开发相对容易。啤酒产品除了生啤、熟啤，7 度或 10 度啤酒，就没有太多的产品创新了，因为设备、工艺、原料都有限制。以前，推出的苦瓜啤酒，也只是在里面加了苦味素，非啤非饮的创新，每年销量增长有限……那么，把啤酒当饮料卖，在终端饮料区陈列与销售啤酒，能否提高销量呢？

（2）罐装啤酒是否有饮料消费的属性？蓝带啤酒和青岛啤酒曾将罐装啤酒做到极致。依据蓝带啤酒与青岛啤酒的销售经验，消费者主要在家里消费、节日送礼和户外消费，与饮料消费相似。消费者已经将罐装啤酒当成饮料消费，只是没有啤酒企业或行业人士敢提出，甚至是尝试按这种方式销售啤酒。

（3）冰冻后的啤酒的解渴功能与饮料相似，啤酒只是含酒精的饮料，啤酒与饮料相比更解渴。可口可乐公司也于21世纪定位于非酒精饮料公司。

（4）把啤酒当饮料卖，没有增加销售成本。

（5）把啤酒当饮料卖，是促进消费者健康消费、营养消费、消费口味升级、食品安全保障的体现。啤酒是经过粮食发酵、严格工艺与管控的健康食品，比饮料的过程管控更严格。

■我是“罐军”——一体化营销方案破局

珠江啤酒的领导班子认为，创新不一定能100%成功，但不尝试破局，100%不可能成功，尝试破局至少还有50%的机会。于是，他们做出以下决策。

（1）联合多方人员讨论与沟通，确定营销方案主题

该方案的主题为：我是“罐军”！由于啤酒行业原来习惯于单产品突破，此次突出一体化思考，将公司现有的五种易拉罐产品整合打包做推广。一是避免了单品创新作战的尴尬与不被市场接受，二是给不同的区域市场选择权。2012年是体育年，有全球期待的欧洲杯及伦敦奥运会，除“罐军”与冠军有相同意义外，珠江啤酒的五个易拉罐产品形成“海陆空”舰队，突出一体化打造产品线的思路与运作方式的优势。

（2）针对营销主题，制定一体化营销方案

在产品上，设定了我是“罐军”的一体化产品线，除了有统一的产品宣传主张外，不同的区域市场统一实施同一个营销方案，解决了原来一个区域市场一个营销方案的问题。

在终端铺货上，在每个终端点的啤酒陈列区与饮料陈列区做文章，多点陈列与堆头，提高终端的形象。铺完货后，整个市场已经形成了“罐装饮料，还有珠江啤酒”的局面。

结合公司的品牌路演，将我是“罐军”的宣传、试饮、赠券促销、现场特价促销、竞饮、口号表达、整箱消费与整包消费等，用于路演活动中。

结合公司的篮球赛社区推广活动，现场宣传、赠饮、奖品兑付等，使我是“罐军”与我是冠军完美结合……

珠江啤酒东南事业部将营销、营销费用、营销队伍、营销考核、营销传播与推广，从原来的体系中剥离，专门招募了 10 名具有饮料行业销售经验的业务员，为实施把啤酒当饮料卖的行动方案做准备。

经过思考与前期准备，珠江啤酒东南事业部希望在推广此方案的同时，至少有两三个重点区域市场取得战略性突破。

（1）设立三大试点，派驻资深业务经理督导。

（2）确定传播口号：我是“罐军”，珠啤“包”赢。

（3）借深度分销模式，进入饮料销售市场：啤酒与饮料销售模式互相融合、互相促进。

（4）在旺季到来之前，占据终端的冰柜与冰箱。

（5）进行全区域性品类消费引导，海报、路演、社区推广全线出击。

（6）明确每日目标，及时跟进与调整工作：将每个终端、每个堆头、每个新销售点纳入考核体系，并举办销售竞赛，激励团队性在最短的时间内取得更好的成绩。

（7）体外循环，招募有发展前景的经销商，使渠道体系更加完善。

经过四个月的运作，除啤酒销量节节攀升之外，瓶装饮料的销量也大幅度提升，事业部轻松地完成了销售任务，与去年同期相比，取得了巨大突破！

当然，该案例的意义并不在于提高啤酒行业的销量与拓宽渠道。德鲁克说过："营销即创新。"除网络营销外，传统的营销模式在新时代也应取得长足的发展！

3. 广东燕京：在"废墟"上起舞

燕京啤酒曾经创造了销量增长数十倍的奇迹，在啤酒王国中演绎了一段精彩绝伦的"京华烟云"。

同样耐人寻味的是广东燕京，这家曾经险些被燕京啤酒忍痛卖掉的"鸡肋企业"，只用了短短 1 年时间，就创造了从 1 万吨到 4 万吨的销量奇迹，实现了从亏损 4000 万元到扭亏为赢的跨越。广东燕京已经成为燕京啤酒营销创新的缩影。

■ 诊断"问题市场"

在燕京啤酒的计划中，广东燕京应与湖南燕京、江西燕京共同组成华南事业部。可是，这三个市场的消费环境不同、企业资源不同，共同筹建燕京华南事业部的设想根本无法实现。最终，广东燕京独自承担了建设华南事业部的重任。然而，广东燕京却存在诸多问题，俨然是一个“扶不起的阿斗”。

产能：广东燕京的计划产能为10万吨，可最初的销量仅为1万吨，造成了极大的浪费。

现金流：投入大、产出少，在华南地区经营两年了，竟然亏损4000万元，资金日益紧张。

产品线：广度和深度都不够，中、高档产品开发不力。

定价：沿用青岛啤酒的底价操作模式，结果陷入价格战，产品利润微薄。

销售区域：缺乏“根据地”，遑论区域拓展。

渠道：广东燕京想模仿青岛啤酒的大客户制，却遭遇“水土不服”。

团队：虽然从青岛啤酒华南事业部“倒戈”过来80多人，但富有创新精神的人才仍然匮乏。

■ 剥茧抽丝，发现核心问题

毋庸置疑，广东燕京存在的问题几乎涉及企业营销的所有方面。但是，如果“头痛医头，脚痛医脚”，就找不到核心问题，纵然能解决个别问题，也很难使广东燕京突破瓶颈。剥茧抽丝后，核心问题逐渐浮出水面。

销售区域不聚焦：广东燕京在没有任何根基、资源有限的情况下，没有聚焦一个或数个市场，将“网”撒得太宽，经销商管理方式粗放，产品不动销，渠道面临的问题越来越多。

品牌影响力有限：“燕京”是北方品牌，在华南市场的影响力有限。因此，在营销策略上就不能照搬“青岛”等知名品牌的运作体系，应当因地制宜、顺势而为。

缺乏本地化产品：多年来，广东消费者已经习惯了珠江纯生啤酒的传统口味，产品没有卖点，在市场上没有出路，广东燕京急需创新产品。

价格策略不符合实际情况：靠价格战，复制青岛啤酒的底价操作模式，并不符合实际情况。

当然，广东燕京还有人员、目标、管理、绩效、终端、推广、合作、流程等方面的问题，但是，上述四个问题是最基本、最核心的问题，是掣肘广东燕京发展的根本性问题。解决了这些问题，就等于叩开了市场之门，就可以实施各种营销计划了。

■ 系统方案打基础

广东燕京的上述四个问题，并非是孤立的，而是有内在联系的。为此，我们制定了“区域—产品—渠道—运作—管理”一体化解决方案。

销售区域：将珠江三角洲作为首批重点销售区域，并且将佛山、广州、东莞的部分地区设定为基地市场，在销售费用上给予倾斜。同时，在这些市场塑造品牌、推广新产品、建立合理的价格体系。

产品策略：依据华南市场的消费偏好和竞争格局，设计了产品金字塔体系，对原主销产品进行升级的同时，着力打造符合珠江三角洲地区的消费者偏好的新产品。两款新产品在功能上还做了区分，意在通过打产品“组合拳”，提高产品的竞争力与影响力。

价格策略：虽然青岛啤酒的底价操作模式在华南市场有效，但这种定价方式并不适合广东燕京。在品牌影响力上（华南市场），广东燕京不如青岛啤酒。因此，广东燕京应果断舍弃原来的底价操作模式，设计全新的价格体系。我们针对燕京啤酒的新产品需要培育的特点，在价格上设定了“操作空间”，既能确保公司政策的统一性，也能给业务员留下了灵活操作的空间，以便解决进店销售问题。

渠道策略：原来采用的大客户制不适合啤酒产品。销售区域、产品线、价格体系逐渐明晰之后，广东燕京实施了深度分销模式，推动渠道下沉。广东燕京重新规划渠道之后，改进了现行的经销商管理制度，强化了经销商终端销售和服务职能，并且在考核制度上做了相应的调整，意在调动经销商的积极性，快速打开市场。

品牌策略：广东燕京明确了产品定位，注入了时尚、个性、新鲜等元素。在传播上，由于企业之前一直亏损，所以费用有限。因此，在媒体选择上，广东燕京放弃了费用较高的电视媒体，改从终端入手，直接传播产品，贯彻终端品牌一体化的思路。

由于广东燕京之前亏损较大，我们在设计营销策略时，自行设定了费用红线，争取实现投入产出最大化。与此同时，我们推行终端品牌一体化、推广传播一体化、区域一体化、产品体系一体化策略，为扭亏为赢打下了坚实的基础。

■ 样板市场寻突破

考虑到燕京啤酒在当地的影响力，广东燕京没有选择广州、深圳等竞争激烈的一线城市，而是将佛山作为突破口。

营销策略的有效执行，取决于有着强大执行力的“营销铁军”。为了实施营销计划，广东燕京培养了三支新队伍：第一支队伍，新招了一批业务员并对其进行系统化培训；第二支队伍，整合经销商资源，建立和谐共赢的厂商关系，对经销商进行培训，切实提升其营销能力；第三支队伍，对原促销队伍进行全面培训，使其充分理解企业的营销策略。至此，广东燕京有了阵地（样板市场）、人员（三支队伍）、车辆、战略和策略，以及较为完善的行动方案。

在实施计划过程中，广东燕京开展了“非常营销”。当几乎所有的啤酒企业都聚焦于纯生啤酒时，广东燕京反其道而行之，别出心裁地推出鲜啤。在定价上，鲜啤比纯生啤酒价格低，但在促销力度上却高于后者。例如，广东燕京采用了“买啤酒送钻戒”的产品上市推广手段，厂商联动，辅以终端促销。只用了短短 3 个月的时间，就取得了佛山“攻坚战”的胜利，成功地打破了珠江啤酒、金威啤酒等主要竞争对手的封锁。随着销售区域的不断拓展，我们不断总结成功经验，并将其复制到新的市场上，从而呈现出多地滚动发展的良好态势。

■“车销”：“老办法”打开新局面

成功的战略是成功的基础。我们为了顺利打开市场，策划了“开往春天的地铁”大型“车销”活动，逐级推进，最终覆盖了整个珠江三角洲地区。我们为每辆销售车配备了 3～4 名营销人员，集区域市场开拓、进店铺货与新产品上市、形象推广、促销活动开展、服务改进、终端摸底与签售等职能于一身，进行逐条线路、逐个区域市场的滚动式销售，形成了“移动的终端”。

事实证明，“车销”打开了市场。针对样板市场——佛山各个镇，我们从各个区域市场抽调了6辆依维柯进行移动销售，并对铺货、安排赠品、物流配送等工作做了周密安排。

“车销”计划由广东燕京总经理亲自挂帅，推进了半个月后，整个佛山的终端覆盖率超过70%。销售车辆经过之处，新产品进货折让政策、消费者赠饮和促销活动次第跟进，不断夯实“车销”带来的效果。“车销”也使广东燕京啤酒的原业务员有了前所未有的触动，大家逐渐理解了啤酒销售的操作方式。

■ 总结：六大创新模式

年终岁末，燕京总部将广东燕京的成功归结为6个创新。

模式创新：打破了原有的底价操作模式、大流通、大批发、产品价格折让制。导入全新的体系，实现了从粗放式操作到精细化操作的全新变革。广东燕京成为整个燕京啤酒集团的榜样。

产品创新：燕京啤酒集团全国各地的产品，都以北京市场的清爽燕京，即“普京”为基础。广东燕京从本地实际情况出发，开发出了口味与纯生啤酒相近的鲜啤，并将它作为主打产品，迎合了华南市场，扩大了操作空间，为集团向全国发展做了有益的尝试。

渠道创新：从传统批发到深度分销，并且沿着基地市场向外逐步渗透，实践了区域滚动的市场发展思路，这是对传统渠道的变革，推动了燕京啤酒集团的销售升级。

推广创新：在产品推广上，每个销售人员在权衡餐馆进店费用后，自行决定是否进入，实现了全员自主营销，这是极大的创新，解决了费用预算与使用的难题。

传播创新：广东燕京在传播上采取了终端品牌一体化的新模式，大大提升了费效比，使每个终端既是销售点，又传播点。

区域开拓创新：广东燕京在区域开拓上采取了逐级开发模式。这一模式不仅是燕京啤酒进行区域开拓的有效手段，也成了集团进军全国市场的有效手段。

目前，广东燕京的成功经验已被复制到湖南长沙、衡阳等市场。当然，我们欣喜地看到，整个啤酒行业的营销能力在近年来，获得了极大地提升，无论是雪花啤酒的大分销模式，还是青岛啤酒的品牌营销、体育营销，都成了全行业营销的财富。广东燕京的成功给我们以下启示：不要过于迷信经验，环境变了，营销策略也要与时俱进，甚至要颠覆以前的经验；靠“一招鲜”制胜的时代已经过去，取而代之的则是系统营销；做营销应当步步为营，不能贪大求全。营销无定式，但要有套路。既然没有定式，就不要期待一个营销方案能解决全国所有的市场问题；有套路，先将一个区域市场当成试点，取得成功后再迅速复制到消费环境相似的区域市场。

广东燕京的成功经验可以用四个字概括：不断创新。

4. 舍得酒业：销量翻五倍的团购策略

“高档白酒团购，要依靠经销商的关系！”

“我们都在一线市场做团购，很辛苦，一个一个客户的谈，有时，一个客户谈半年都没结果……”

“这么多白酒业的专业咨询策划公司，能将高档白酒团购该想的招都想过了。难道你还有新的路数?”

新的招数？肯定有！但这里谈的不是点子创新的问题！以下策略，没有招式的“一招鲜”创新，只是招式的有机整合，但这种整合，能创造出销量奇迹！

舍得酒基本上与水井坊同时推出，但二者发展呈现出不同的轨迹。舍得酒业的营销能力应该说非常不错：全国第一支广告歌，全国最早的动态电视广告片，全国最早实施CIS系统的白酒企业，全国最早请职业经理人担当总经理的白酒企业，全国第一个文化酒、全国第一个酿造生态园、最早在全国范围内销售的白酒、销售网络最全面的白酒之一、全国十七大名酒、川酒六朵金花、上千年的泰安作坊……可是，这些都没给舍得酒带来令人欣喜的业绩！为什么?

■ 舍与得不匹配的舍得酒团购

舍得酒一直稳步做品牌，品牌本身底蕴足，品质好，也有文化内涵，中国的白酒团购市场很大，舍得酒有很大的发展空间。

舍得酒业采用倒扣式模式，这是白酒业的特点，舍得酒扣点也遵守了行业基本规则。各地的经销商主导当地团购工作，同时，舍得酒业派驻有运作组，和经销商一起推广舍得酒。舍得酒业也一直在会议上呼吁：要运作好舍得酒，舍得酒是公司的战略重点。各地经销商的团购方式不同，包括品鉴、送礼、开会、联谊、旅游等。

可是，舍得酒的销量并没有跳跃式增长，或者说，只是在自然增长的基础上稳步增加，很难取得突破！

当然，身处白酒业的同仁们非常清楚，企业的产品销量不好，除了销售管理、政策、经销商能力等问题外，最重要的问题可能是品牌影响力不足、客户沟通不畅、品牌气场不够、产品消费氛围不足，舍得酒只是消费者或大客户的候选产品，不是必选产品，也不是优选产品！

创意频出的团购策略被湮灭，新路数的大客户营销方法又很难创新，这是除了几大高档白酒巨头的所有高档白酒企业的难题。

■ 真正抱成一团的团购

我们入驻舍得酒业后，先做调研，了解大客户营销的推广方案、报告、经验等，以及大客户团购的现状。遗憾的是，公司除了一些区域经销商提报给公司审批的常规方案外，很难找到有价值的资料。当然，我们也很幸运，与市场总监的沟通很愉快，他给了我们一些信息：各地都在做舍得酒大客户团购，方法很多，他曾出台过“海外游”等方案，效果很好。但是，从公司层面来说，这些招式和方法都是经销商按照实际情况采用的运作方法，常规方法已经不能激活市场的兴奋神经了，销量提升有限。

基于我们对舍得酒业的了解：舍得酒业资源、能力、系统都没有缺陷。既然舍得酒业什么都在做，为什么不在现有基础上进行提升与策划？毕竟，舍得酒业的背景公司——沱牌公司是一个老牌企业，要想革命性创新一定会有阻力，或许，我们基于现实的提升方式，总部能够接受。

中国人善于单打独斗，偏偏张艺谋的大军作战方式屡战奇功！要将舍得酒销售进行整合，要将团购销售技能进行整合，要将全国的营销推广手段进行整合，要将全国的营销传播经验进行整合！但是，整合好像又是不可能的：区域市场差异太大，高档白酒消费群体的消费理念、消费心理、消费行为差异大……

套餐！

套餐是既能实现标准化，又能实现个性化的最佳方案！

套餐式标准化整合营销

（1）结合全国各地的大客户分类，进行套餐分类。

（2）综合全国各地的大客户营销方式，与大客户分类结合，制定4～6个套餐方案。

（3）舍得酒业确定了中华文化第一酒的定位，大客户团购的核心是“文化”。

（4）针对每个套餐方案，制定各套餐的具体内容与操作步骤。

（5）统一主题，分类进行驻点解说推广，让客户接受“大统一”的思想，让客户自己选择喜欢的套餐方案。

表9－1是全国套餐团购总体规划表。

表9－1　全国套餐团购总体规划表

	套餐一	套餐二	套餐三	套餐四	套餐五
主题	文化收藏游	文化论坛游	文化商业游	文化成长游	文化休闲游
主要客户	A类大客户	B类大客户	C类大客户	D类大客户	E类大客户
时间	年中及年末	年中及年末	年中	秋季	夏季或秋季
地点	故宫游	北京××峰会、论坛	中国香港××商业游	中国香港××企业观摩游	北京××高尔夫俱乐部
主邀嘉宾					

续表

	套餐一	套餐二	套餐三	套餐四	套餐五
价格	7999 元/人	4999 元/人	9999 元/人	4999 元/人或 9999 元/2 人	5999 元/人
频次	一年两次	一年一次	一年两次	一年两次	一年两次
传播	总部	总部	总部	总部	总部
现场推广	区域	区域	区域	区域	区域
资格	X 瓶/名	Y 瓶/名	Z 瓶/名	V 瓶/名	W 瓶/名
费用	____元/瓶	____元/瓶	____元/瓶	____元/瓶	____元/瓶

预估销量：××箱

预估费用：××元

舍得酒业在各地设置了舍得酒运作组，许多高档白酒都用这种方式运作市场，这种散点式执行，凭个人能力、经销商关系、辛勤努力的方式，往往能出奇制胜。如果建立一个全国性大平台，公司与区域市场联动，销售与主题营销相结合，气场更足、氛围更浓。

全国各区域市场单独运作，就是一个个小指头的运作，全国各区域市场与公司的整合运作，就汇成了一个拳头！一个指头的执行力与一个拳头的执行力，哪个更强？

舍得酒业的团购策略带给我们哪些启示呢？

（1）没有全国性的销售，但有全国性的策划：白酒业策划将从原来的产品策划、品牌策划向活动策划、推广策划转变。

（2）“总部控”是将来团购发展的方向：所有事情都是统一性与个性的结合体，“总部控”能为大客户营销造势。

（3）总部一体化思考，区域专业化行动：其实，各大白酒企业都有丰富的经验，在现有的基础上整合资源就是一个不错的办法，不要期待“钻牛角尖”的点子能一招制胜。

5. 沱牌曲酒：中、低档白酒发展路径

四川沱牌曲酒是中国中、低档白酒的领头羊，其全国性的沱牌曲酒销售，如同快消品的饮料、食品一样，深入三、四线市场，与消费者亲密接触，品质领先、薄利多销成就了沱牌曲酒中、低档白酒的领先地位。

沱牌曲酒中、低档酒销售模式的试点区域市场于2010年，业绩翻了三倍，本书试着从沱牌曲酒的中、低档产品销售中归纳与提升中、低档白酒战略发展路径。

遂宁市射洪县中、低档白酒运作人员申请

目的：促进中、低档白酒产品销售，试点一体化深度营销，并为中、低档白酒更深一步推广做模式、人员、能力准备。

主要内容：

（1）在射洪县招聘6名业务员：6名业务员跟进与接手线路工作，主要工作内容为新产品上市、铺货、开拓、生动化陈列、日常管理、信息收集、打击竞品，并协助分销商铺货等。人员交付时间：12月5日以前。

（2）在射洪县招聘6名驻地业务员：射洪县有3000多个终端售点，并且餐饮店铺货率不高，特招聘6名驻地业务员。驻地业务员的主要工作内容：终端开拓、销售、生动化陈列、信息收集等。人员交付时间：12月5日以前。

（3）在遂宁市招聘6名业务员：招聘6名业务员跟进与接手线路工

作，主要工作内容为新产品上市、铺货、开拓、陈列、日常管理、信息收集、打击竞品，并协助分销商铺货等。人员交付时间：12 月 15 日以前。

人员要求：

（1）年龄：30 岁以下。

（2）工作经验：具有沱牌曲酒工作经验或快消品两年以上销售经验。

（3）高中以上学历，愿意接受现代营销理念与营销模式。

（4）能吃苦、踏实肯干，愿意接受规范化、系统性运作的管理方式。

考核与管理：

（1）设定考核目标。

（2）依据公司的考核制度严格考核。

总经理特别奖励：针对目标达成情况，除正常考核激励外，每月末举办评比活动，根据评比结果，设营销总经理特别奖励基金，具体奖励另附文件。

以上是沱牌曲酒进行深度分销试点工作前的人员内部招聘文件，沱牌曲酒从 2009 年 11 月就启动了中、低档白酒的新模式的打造与营销新变革方案。

虽然试点工作与模式变革落地在 2010 年春节后才启动，但在 2010 年年底，该区域市场的销量已经增长了三倍！沱牌曲酒的中、低档白酒的份额已经很高了，提升销量应该不太容易，是什么促进沱牌曲酒中、低档白酒再创新高呢？

■划分区域，聚焦区域——“生态圈”区域战略

中粮集团董事长宁高宁在华润集团时提出的著名战略——蘑菇战略，雪花啤酒通过蘑菇战略实现了掌控全国重点市场，进而渗透全国市场的目标。

其实，中国的白酒企业需要实施这类战略，因为白酒消费的差异性造成一个产品很难在全国各地都取得成功。所以，还不如静下心来，运作好自己的基地市场，然后再找一两个或更多的战略市场重点攻破。

事实证明，中、低档白酒的发展路径与高档白酒的发展路径有很大差异。中、低档白酒要快速销售，而快速销售并不是全面铺开、到处招商。中、低档白酒应该做好区域市场试点工作，成功后再快速复制经验。很多中、低档白酒企业没有这样做，市场始终不温不火。沱牌曲酒在中、低档白酒销售提升过程中，并没有全国性“撒网”，而是先规划区域市场，从而集聚营销资源、重点突破、稳打稳扎，将市场做透。

为成功推进区域试点工作，董事长亲自参加会议并督署工作，副董事长和营销公司总经理除高度关注外，还亲自挂帅，甚至是退休的原党委书记都亲任组长，协同咨询公司共同推进原来牢不可破的“贴地皮”工作。沱牌曲酒是国内最早真正推行“生态酿酒”的企业，所以，我们给其起了名字，叫做“生态圈”战略。其实，中、低档白酒，缩小区域，推进试点工作，总结经验，滚动突破，是中、低档白酒的成功路线！

■像快消品一样铺货，力求全面覆盖市场——“地毯式铺货”实施战略

很多中、低档白酒企业还认为，白酒的销售业绩增长主要靠产品开发、有渠道与社会资源的经销商，以及广告拉动，即使是白酒业大力推行的“盘中盘”模式，也是希望通过经销商在核心区域市场做小盘推广工作，激活小盘，小盘共振大盘。

我们用大量的成功方案，以及方案在沱牌曲酒实施的可能性、效果预估说服了老总。沱牌曲酒派出铺货专车，从公司车间抽调人员进行全面铺货，一个月内走访了几千个销售点，销量翻了几倍。同时，产品品质较高，而且有小礼品，产品一个星期就实现了二次周转，一个月后，周转周期为10天！

营销没有定式，但有套路。我们只要到一线的餐馆、中小型超市、小卖部等销售网点做调查，就会找到自己的营销策略与各类营销问题的答案：终端缺货，补货；终端铺货率不高，集中力量铺货；产品不动销，根据终端反应调整政策；竞争对手太厉害，我们在终端总能找到竞争对手的弱点，然后制定打击方案……这些都以铺货为前提。

当然，很多企业会反映，铺货难度大、问题多。当您真正下定决心并行动时，您可能会发现，很多问题并不是问题？据沱牌曲酒员工讲：“原来做过三四次的类似工作，最后都不了了之，其实，铺货不是策略问题，而是执行问题！”

■只做三五款产品——“做减法”产品战略

通过给多家白酒企业做咨询策划，我认为，白酒业可能是对产品最不负责任但又是最负责任的行业之一。白酒业流传三五年倒一个牌子、换一个品牌，但酒厂还在！不少酒厂已经换了好几个牌子了！这是不负责任的表现。白酒业的包装设计技术相当发达，衍生了很多白酒包装设计公司，市场部的功能之一也就是设计产品包装，这又是负责任的表现！

在沱牌曲酒中、低档酒销量提升的过程中，我们对产品进行了严格的筛选，从多个角度确定产品。首先，让销售区域市场提报可能适销的产品；其次，从公司的规划角度审视哪些产品与公司的总体规划匹配、哪些产品是区域市场的特殊销售产品；最后，抽时间走访部分终端进行隐蔽性访谈，综合研讨得出近期销售产品体系、中期销售产品体系和远景销售产品体系。

由于库存的原因，推出了11款产品，但我们并不担心，因为这11款产品只是近期销售产品体系中的产品，而在远景销售产品体系中，这11款产品中只有3款产品。我们在前期销售过程中，已经在开发中期与远景销售产品体系。

中、低档白酒有销量才有活路，“多生娃娃多得工分”的旧思想仍存在于白酒业，沱牌曲酒的成功证明，成功的企业一定是能“做减法”，并且有远景产品规划的企业！

■终端品牌一体化营销——终端品牌一体化整合战略

在终端做品牌，为中、低档白酒省了一大笔广告费。

我们在对沱牌曲酒进行中、低档白酒销售试点调研时发现，白酒业的促销推广没有我们想象得那么难、花钱那么多！

100条横幅、100个易拉宝、1000张单张广告、几千个打火机、2000张海报，这就是我们做试点工作的全部资源！当时，我们没有多少费用，只是采用最熟悉的终端品牌一体化战略。中、低档白酒企业一般都有一些知名度，对于普通百姓来说，喝酒实惠、品质好、品牌有点名气、现场有气氛（生动化陈列）就行，再加上促销员或服务员的推荐，基本上就会消费该产品。几十元钱，尝试一下不同品牌的酒，这是消费者的普遍消费心理！这样的消费心理，满足的不是“身份”需求，而是情感需求、社区性需求，要的是气场、氛围、关爱！

中、低档白酒销售很难吗？白酒真的那么难推广吗？其实，我们只要产品、服务、推广、促销、生动化陈列与展示，加上关爱与亲近，市场对你并不苛刻！

■天天盯着它，不怕不开花——“贴身服务”督导战略

中、低档白酒销售就是苦力活！中、低档白酒的竞争来自哪里？白酒消费确实有地域色彩，但是，我们发现，非地域品牌成功的例子太多了。

沱牌曲酒尝到了中、低档白酒销售模式革新的甜头之后，曾经想直

接进行全国性推广，这时，我们不但不支持还投了反对票！并且提出了要求：我们需要人！

我们认为，沱牌曲酒是老牌企业，难免存在模式老化、人员老化等问题。老化就需要激活，咨询策划公司迟早要退出合作的企业，那么，我们能留下什么呢？一套体系、一个样板市场、一批人、一份业绩、一条发展路径，最重要的是，一份企业可持续性发展的、能复制的信心、动力和能力！而现在，人还不够！

我们一边招募人员，一边优化样板市场的运作与管理体系，升级运作与管理工具，将招募的人员进行“洗脑式”系统培训，让他们进入市场、做好督导工作，巩固胜利成果。他们在将此套运作管理系统在样板市场复制后，将种子播撒到全国市场，最终在全国开花结果，并且激活了旧体系。

为中、低档白酒进行贴身督导工作还有一个重要的发展方向，那就是推广中、高档产品！现在，沱牌曲酒各种营销要素的应用越来越熟练，公司已经导入原来在远景产品规划中的200多元/瓶的产品，并且销售形势喜人。

中、低档白酒与高档白酒的奢侈品发展路径不同。不同点在于中、低档白酒的消费与购买习性。沱牌曲酒正在用上述战略发展路径、模式和方法，实现中、低档白酒的跨越式升级和销量成倍增长的目标。

博瑞森管理丛书

更多实战好书，请关注“**博瑞森图书直营店—淘宝网**”

http://qiyeshudian.taobao.com/

<table>
<tr><td>宋新宇博士『简单』系列</td><td colspan="2">
让管理回归简单
（升级版）
从目标、组织、决策、授权、人才、自我管理出发，提出最实用的解决方法</td><td>
让经营回归简单
（升级版）
从战略、客户、产品、员工、成长和经营管理者入手抓住企业经营的关键</td><td>
让用人回归简单
深度剖析用人的原则、难题、误区、方法，以及用人者的修炼，解决企业的用人难题</td></tr>
<tr><td colspan="2">
7个转变，让公司3年胜出
李蓓　著</td><td>在消费者主权时代，从生产、营销、服务到组织管理，给出企业转型升级的具体操作路径</td><td>
升级你的营销组织
程绍珊　吴越舟　著</td><td>本土第1部营销组织实战专著，用有机性的营销组织力代替“营销能人”，打造战略统一、策略灵活、执行力强的高绩效营销队伍</td></tr>
<tr><td colspan="2">
边干边学做老板
黄中强　著</td><td>一位创业20多年的民企老板的肺腑之言，带给老板86个实用忠告</td><td>
产品炼金术
史贤龙　著</td><td>告诉你打造畅销品的新思维与好方法</td></tr>
<tr><td colspan="2">
卖轮子：选择最佳营销方式
【美】杰夫·科克斯等著</td><td>从新产品上市到市场成熟和企业转型，一个故事轻松把握营销精髓</td><td>
涨价也能卖到翻
【日】村松达夫　著</td><td>让每个顾客在你的产品上、在你的店里掏出更多的钱，让你的东西涨价也能卖到翻</td></tr>
</table>

续表

 公司由小到大要过哪些坎 卢强　著	能长大的企业是有规律可循的，会依次经历试错、突围和转型3个阶段，让企业看清位置，并对接下来的路有所了解	 成为优秀的快消品区域经理 伯建新　著	掌控市场+内部管理+常见误区+工具箱+自我提升，37个"怎么办"全面系统分析区域经理的工作关键点
 华夏基石方法：企业文化落地本土实践 王祥伍　谭俊峰　著	作者10年积累、原创方法、一线资料，毫无保留奉献，是企业文化落地真正有洞察力和实操价值的一本书	 跳出同质思维，从跟随到领先 郭剑　著	有效的思维框架和工具、66个企业案例深度剖析，帮助企业突破行业长期思维惯性，发现大片蓝海
 传统行业如何用网络拿订单 张进　著	国内第1部针对中小企业的网络实战指导图书，作者以自己10多年的网络营销经验和研究积累为基础，为你带来最具实战性的建议	 用流程解放管理者 张国祥　著	国内第1部针对企业的流程管理实战图书！实现流程管理从无到有、从有到全

书名及作者	内容简介
中层领导力 【韩】崔秉权等著	帮助中层管理者认清自身管理上的不足，快速提升领导力，更好地激发团队工作热情，实现下属、自身、企业的多赢
学话术　卖产品 张小虎　著	分析常见的顾客异议，提出破解方案，将复杂的销售程序化，将优秀的话术模块化，让普通导购员也能成为销售精英
为什么你的公司没长大 田友龙　著	本书将小老板的众生相在笔端刻画得淋漓尽致，更值得小老板们反复思量
营销破局八大策略 崔自三　著	本书为企业在营销过程中各个层面的问题给出了精细、系统的解决方案，旨在帮助企业走出营销困局
公司的浪费是如何产生的 刘孝明　著	作者针对企业里各种浪费现象并结合现实场景，直指造成浪费的根源，提示管理者及时堵住各类漏洞
中小企业如何建品牌 梁小平　著	国内第1部中小企业建品牌操作实务型图书。作者结合丰富的品牌咨询经验和亲身指导案例，分四步指导企业自建品牌
一位销售经理的工作心得 蒋军　著	专为销售管理者而著的实战指导图书。从实际出发，作者用自己的亲身经历给予读者来自管理一线的经验

续表

书名及作者	内容简介
用数字解放营销人 黄润霖　著	从营销中的各个问题出发，教会读者如何运用“营销的数字技术”，并能够运用公式和真实可见的数据赢得市场和管理团队
麻烦就是需求，难题就是商机 卢根鑫　著	通过从顾客身上不断发掘顾客真正强烈的价值需求，选择合适的产品载体，帮你挖掘出市场真实需要的商机
本土化人力资源管理8大思维 周剑　著	立足中国本土实践，针对民营中小企业的独特的人力资源问题提出了一个系统、实用的新理论，从实际出发，帮助中小企业重新认识和解决企业中人的问题
用流程解放管理者2中小企业规范化管理 张国祥　著	规范化管理不再是大企业的专利。张国祥老师将企业规范化管理的各个方面系统地讲述出来，为中小企业的规范化管理指明方向，值得广大中小企业借鉴
阿米巴经营的中国模式 李志华　著	阿米巴经营理论来自于管理学泰斗稻盛和夫，本书将该理论进行了中国本土化的发散和拓展，形成一套专业完整的体系，具有很强的工具性及学术、实战价值
集团化人力资源管理实践 李小勇　著	系统性阐述了集团化人力资源管理方面的内容，适合集团企业的人力资源专业人员阅读学习
老板、经理人双赢之道 陈明　著	从企业家和经理人尤其是“空降经理人”共生的角度出发，发现问题、化解矛盾，让沟通变得简单、透明，让双方实现共赢
走出薪酬管理误区 全怀周　著	本书梳理了薪酬体系构建中常见的8个误区，针对这8个误区，分别给出分析和解决方法
企业文化的逻辑 王祥伍　著	从这部书里，可以透彻的了解文化、了解企业文化的根源，同时又不是高深和脱离实际的学术观点，读者会从中获得知识、得到点拨，或是感叹原来如此
快消品营销与渠道管理 谭长春　著	本书立足快消品行业，帮助老板、营销总监、区域经理等各层管理者解决自己日常涉及的员工管理和渠道管理事务
招招见销量的营销常识 刘文新　著	全面解开你的销量之谜，读完本书，你的每一个营销动作都可以提高销量、降低成本
回归本源看绩效 孙波　著	企业对于绩效管理的应用可能进入了神秘化和技术化的误区，本书回归绩效管理的概念和本质，梳理绩效与企业经营的关系
企业文化激活沟通 宋杼宸　安琪　著	企业文化对于组织沟通状况的影响是根本性的。本书系统阐述沟通与企业文化的关系，帮助企业构建提升沟通效能的企业文化解决方案
华夏基石方法：人才评价中心（超级漫画版） 邢雷 朱军梅 郑雪琴 张小斐著	国内第一本用漫画形式书写的人才测评专业书籍
博瑞森行业丛书	
书名及作者	**内容简介**
白酒营销的第一本书 唐江华　著	国内第1部白酒营销实战指导图书，帮你打开白酒营销大门
白酒经销商的第一本书 唐江华　著	第1部写给白酒经销商的实战全指导，为你答疑解惑

续表

食用油营销第 1 书 余盛　著	从食用油的概况入手，小包装食用油的营销常识、品牌战略、营销方法，以及细分品类分类营销手段
乳业营销第 1 书 侯军伟　著	乳业营销的第 1 本书！从区域性乳品企业的实际情况出发，捕捉到他们最大的特点和现实中存在的关键问题，梳理出一条清晰的脉络，并提出了明确的解决方法
新医改下的医药营销与团队管理 史立臣　著	本书立足最新医改政策的解读，提供丰富的本土企业实践案例，为民营企业指明方向，提供变革之路，以及具体的方法措施
农资营销实战全指导 张博　著	农资营销实战的第 1 本书！如何找到提高销售效率和服务价值的营销模式是整个农资行业的重要命题，而本书就为您提供了完美答案
精品银行管理之道 崔海鹏　何屹　主编	本书提出打造精品银行是中小银行发展的战略选择，并从产品、业务、经营、客户、风险、团队等多个角度入手，全面又贴合实际地为读者提供行之有效的方法
建材家居营销实务：新环境、新战法 程绍珊　杨鸿贵　主编	站在营销模式创新的角度，为行业、企业营销开辟了一条新道路，并提供了具体的操作方法与参考案例供读者切实学习使用
农产品营销实战第一书 胡浪球　著	农产品实战营销的第 1 书！立足本土，33 个核心问题配合生动案例，农产品营销盈利不再难
医药营销与处方药学术推广 马宝琳　著	作者用平时的语言、轻松的笔触、原创的模型和亲身操作的成功案例，为大家讲述处方药医学策划如何让"平民产品"变成"明星产品"
待出版，敬请关注	
书名及作者	**内容简介**
把客流变成购买力：本土零售业升级第 1 书 丁昀　著	本书立足于本土实践，从整个行业的角度出发，分析业态特点，提出行业转型升级之道，并辅以大量实际案例，分析具体方法。零售行业必看的一本书
首轮胜出后，企业如何二次突围 苗兆光　著	本书定位于中间型企业，这类企业面临企业成长瓶颈，需要可持续发展的动力，本书从企业战略、管理、组织、产品等方面逐个击破，通过实战案例解答困惑，给予读者切实的帮助
商业模式与品牌营销 杨旭　林子力　主编	需求为本，梳理产业价值链上的各方需求，找到一种能够满足各方需求的盈利模式，从而提升公司的地位和价值
突破成长的陷阱 夏惊鸣　著	本书是对企业发展中的一个具体阶段的思考，即从机会主义转向战略成长过程中的经营和管理问题的梳理
从白酒经销商到品牌运营商 付文利　著	扎根行业特色，对白酒经销商如何拓展市场、规范自己的管理体系，给出了一个系统、专业的框架
中国茶营销第 1 书 柏龑　著	本书扎根行业，各个击破，在茶叶营销独具特色的各个方面深入浅出的为读者提供具体方法

CHINA STONE 华夏基石

华夏基石丛书

书名及作者	内容简介
农资营销实战全指导 张博　著	农资营销实战的第1本书！如何找到提高销售效率和服务价值的营销模式是整个农资行业的重要命题，而本书就为您提供了完美答案
升级你的营销组织 程绍珊　吴越舟　著	本土第1部营销组织实战专著，用有机性的营销组织力代替“营销能人”，打造战略统一、策略灵活、执行力强的高绩效营销队伍
精品银行管理之道 崔海鹏　何屹　主编	本书提出打造精品银行是中小银行发展的战略选择，并从产品、业务、经营、客户、风险、团队等多个角度入手，全面又贴合实际地为读者提供行之有效的方法
建材家居营销实务：新环境、新战法 程绍珊　杨鸿贵　主编	站在营销模式创新的角度，为行业、企业营销开辟了一条新道路，并提供了具体的操作方法与参考案例供读者切实学习使用
华夏基石方法：企业文化落地本土实践 王祥伍　谭俊峰　著	作者10年积累、原创方法、一线资料，毫无保留奉献，是企业文化落地真正有洞察力和实操价值的一本书
阿米巴经营的中国模式 李志华　著	阿米巴经营理论来自于管理学泰斗稻盛和夫，本书将该理论进行了中国本土化的发散和拓展，形成一套专业完整的体系，具有很强的工具性及学术、实战价值
集团化人力资源管理实践 李小勇　著	系统性阐述了集团化人力资源管理方面的内容，适合集团企业的人力资源专业人员阅读学习
老板、经理人双赢之道 陈明　著	从企业家和经理人尤其是“空降经理人”共生的角度出发，发现问题、化解矛盾，让沟通变得简单、透明，让双方实现共赢
快消品营销与渠道管理 谭长春　著	本书立足快消品行业，帮助老板、营销总监、区域经理等各层管理者解决自己日常涉及的员工管理和渠道管理事务
走出薪酬管理误区 全怀周　著	本书梳理了薪酬体系构建中常见的8个误区，针对这8个误区，分别给出分析和解决方法
回归本源看绩效 孙波　著	企业对于绩效管理的应用可能进入了神秘化和技术化的误区，本书回归绩效管理的概念和本质，梳理绩效与企业经营的关系
企业文化激活沟通 宋杼宸　安琪　著	企业文化对于组织沟通状况的影响是根本性的。本书系统阐述沟通与企业文化的关系，帮助企业构建提升沟通效能的企业文化解决方案
华夏基石方法：人才评价中心（超级漫画版） 邢雷 朱军梅 郑雪琴 张小斐著	国内第一本用漫画形式写的人才测评专业书籍
待出版，敬请关注	
首轮胜出后，企业如何二次突围 苗兆光　著	本书定位于中间型企业，这类企业面临企业成长瓶颈，需要可持续发展的动力，本书从企业战略、管理、组织、产品等方面逐个击破，通过实战案例解答困惑，给予读者切实的帮助
从白酒经销商到品牌运营商 付文利　著	扎根行业特色，对白酒经销商如何拓展市场、规范自己的管理体系，给出了一个系统、专业的框架
突破成长的陷阱 夏惊鸣　著	本书是对企业发展中的一个具体阶段的思考，即从机会主义转向战略成长过程中的经营和管理问题的梳理

CHINA STONE
华夏基石

华夏基石管理咨询集团

作为本土最大的综合性管理咨询集团之一，华夏基石致力于整合、传播国内外先进管理智力成果，并推进其在中国管理实践中的运用；与此同时，不断总结、研究中国管理实际，在国内外先进管理智力成果的基础上进行创新，开发具有独立知识产权的专业化、差异化产品和服务，将“为客户创造价值，与客户共成长”的理念落于实处，其管理理念与产品成果得到业内高度认可，是中国企业联合会管理咨询委员会副主任委员单位，2009 年被评选为中国管理咨询机构 20 佳。